U0504250

第四次工业革命中的职业教育

——后工作时代的教育与就业

〔英〕詹姆斯·艾维斯 著

赵继政 译

商务印书馆
The Commercial Press
创于1897

职业教育学术译丛
出版说明

　　自《国务院关于大力推进职业教育改革与发展的决定》颁布以来，我国职业教育得到了长足发展，职业教育规模进一步扩大，职业教育已经成为国家教育体系的重要组成部分。为了更好满足社会经济发展需要，建设更多具有世界一流水平职业院校，商务印书馆与深圳职业技术学院共同发起、组织、翻译、出版了这套学术译丛。

　　我馆历来重视移译世界各国学术著作，笃信只有用人类创造的全部知识财富丰富自己的头脑，才能更好建设现代化的社会主义社会。为了更好服务读者，丛书主要围绕三个维度遴选书目。一是遴选各国职业教育理论著作，为职业教育研究人员及职业教育工作者提供研究参考。二是遴选各国职业教育教学模式、教学方法等方面的书目，为职业院校一线教师提供教学参考。三是遴选一些国际性和区域性职业教育组织的相关研究报告及职业教育发达国家的政策法规等，为教育决策者提供借鉴。

　　深圳职业技术学院为丛书编辑出版提供专项出版资助，体现了国家示范性高等职业院校的远见卓识。希望海内外教育界、著译界、读书界给我们批评、建议，帮助我们把这套丛书出得更好。

商务印书馆编辑部

2022 年 6 月

序　言

　　本书的章节独立成篇，读者阅读本书时，可以从头读到尾，也可以选择感兴趣的章节阅读。我特意提供完备的参考文献，希望能为读者提供资源，让读者注意他们可能想继续探究的特定观点。

詹姆斯·艾维斯

英国德比郡

致　谢

　　本书起源于我的论文《第四次工业革命的社会技术想象及它对职业教育和培训的启示》（*Socio-technical imaginary of the fourth industrial revolution and its implications for vocational education and training*），文章刊于《职业教育与培训》（*Journal of Vocational Education & Training*）2018 年第 70 卷第 3 期，第 337—363 页（DOI: 10.1080113636820.2018.1498907）。

　　我要感谢我的家人和伙伴，没有他们的支持，本书会变得相当贫乏。

目　录

第一章　绪论：第四次工业革命中的职业教育

　　　　——后工作时代的教育与就业 ……………………………… 1

第二章　社会技术想象和第四次工业革命 ……………………… 17

第三章　机器人化、人工智能、就业与第四次工业革命 ………… 43

第四章　后工作、后资本主义和第四次工业革命 ……………… 71

第五章　结论：第四次工业革命中的职业教育

　　　　——后工作时代的教育与就业 ………………………… 100

后　记 …………………………………………………………… 112

缩略语 …………………………………………………………… 122

译后记 …………………………………………………………… 123

第一章　绪论：第四次工业革命中的职业教育

——后工作时代的教育与就业

摘要

　　绪论总括全书，阐述本书探讨的众多观点，探究关键术语，特别是工业 4.0（Industrie 4.0）和第四次工业革命（the Fourth Industrial Revolution，4th IR），厘清术语起源和流变。由于第四次工业革命不局限于发达制造业，因此，绪论还讨论了"后工作"（post-work）、"马克思主义"（Marxism）和"意大利工人主义"（Italian Workerism）等，为理解第四次工业革命的意识形态和社会经济背景提供有别于政策性和咨询性文件的观点。重要的是，绪论论述了职业教育培训以及相关技能的概念，这些论述关乎劳动力市场、阶级、性别和地区差异，地区不限于欧洲，还包括中低收入国家。

关键词

　　第四次工业革命；后工作；意识形态；职业教育培训；技能

引言

工业 4.0 和第四次工业革命预示着经济、社会和政治关系的转变，或者至少是一些专家希望我们这样想。这些术语相当新颖，"工业 4.0"[1]由二位工程师在 2011 年汉诺威工业博览会上提出，"第四次工业革命"[2]则由克劳斯·施瓦布（Klaus Schwab）在 2016 年世界经济论坛（World Economic Forum，WEF）提出（Schulze，2019）。本书将讨论围绕这些术语的争论，以此思考这些争论所处的更广大的社会经济背景，思考建立社会公平的社会之可能。此外，绪论概述了其他章节，展现了本书力图解析的众多观点。

工业 4.0 和第四次工业革命两个术语频频现身于众多政策文件和咨询公司的报告，这些文件和报告呼吁重新思考组织实践和雇佣劳动，倡导教育历程和职业教育与培训（vocational education and training，简称 VET）。

一般来说，第四次工业革命的逻辑框架是线性、技术型、确定的，按照这一逻辑，第一次工业革命之后是第二次、第三次，如此类推。在这种情况下，类似于图 1.1 的逻辑图示反复出现。

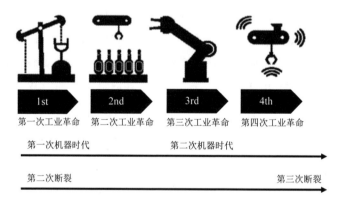

图 1.1 工业革命

这些示意图和社会及经济史教材中的类似，进一步强化了这一逻辑的必然性（Fuchs，2018；Peters，2017：3；Kagermann et al.，2013：

13；Wahlster，2016：4；Schrauf and Bertran，2016：8）。这个逻辑构设于一个特定周期，缘起于第一次工业革命，即起步于 1760 年，到约 1840 年结束，和蒸汽动力、机械生产和铁路的发展相关。第二次工业革命始于 19 世纪末，结束于 20 世纪初，以大规模生产和电气化为标志（Peters，2017：3）。第三次工业革命的特点是个人电脑、数字化和互联网的出现，这些特点作为前奏，在第四次工业革命中得到强化升级。第四次工业革命也具有诸多特征，其中包括（Schwab，2017：7，8）：

> 建立"智慧工厂"……创造一个虚拟生产和真实生产系统在全球范围内灵活合作的世界，实现绝对个性化定制和运营模式创新……
>
> 正是这些技术（例如基因测序、纳米技术、量子计算机等）的相互融合，跨物理、电子和生物领域的技术互动，使得第四次工业革命与过去有根本性不同。

布林奥弗森和麦卡菲（Brynjolfsson and McAfee，2014）提出了类似的轨迹，认为第一次工业革命引发了第一个机器时代，第二个机器时代紧随其后，后者经过最近几十年的不断发展，并在当前的形势下继续前进。对这些研究者而言，第二个机器时代包含了第三次、第四次以及将来的工业革命。巴斯塔尼（Bastani，2019）则提出了相当迥异的术语，将当下的局势描述为"第三次断裂"（the third disruption），第一次断裂指农业的发展，第二次断裂指第一次工业革命，第三次断裂则预示着一个后匮乏世界（post-scarcity world）（Batani，2019：37）。麦卡菲（McAfee，2019）则相对保守，认为在当下的局势中，我们可以以少求多，即利用较少的资源生产较多的社会经济财富。

第四次工业革命的其他特征可以用来证明我们正在进入新时代，它与刚刚过去的时代已经有了质的不同。例如，得益于智慧工厂和物联网（Internet of Things，简称 IoT）的发展，生产和工业流程自动化、服务供应和家庭生活自动化都有了发展，而机器的彼此沟通，则反过来与人工智能、机器人化和云服务（Internet of Service，简称 IoS）的日益发展有关。此外，算法全面运用于所有领域，包括工厂、金融、约会网站和家庭等。以上所有设想都跟互通、互联、自动化和互联网的发展相联系（Hajkowicz et al.，2016；Bloem et al.，2014）。

专家们或许会认为我们已经迎来第四次工业革命，站在新时代的风口浪尖！这意味着我们要适应第四次工业革命预示的新环境，以此确保我们作为劳动者能持续发展。这种言论不仅针对北半球，也针对南半球的中低收入国家。不同的是，中低收入国家倡导第四次工业革命时还伴随着社会改革的呼声。专家认为，这些新情况虽然不可避免地具有破坏性，但只要管理得当，就能造福社会全体成员。

然而，这种观点掩盖了这些情况背后的多方利益，这些情况受限于非常特定的环境，而这一环境毫不含糊地接受了当前社会经济关系——它根植于资本主义，基于一个淡化资本和劳动力敌对关系的共识，用通俗的话说，基于一个淡化了 1% 和其余 99% 之间的冲突关系的共识。

社会经济背景

第四次工业革命的政治和经济背景因素众多，其中包括新自由主义、全球化和雇佣关系的转变，从福特主义到后福特主义的过渡就呼应了雇佣关系的转变（Avis，2018）。关于新自由主义的发展，说法不少，其中一些观点认为，新自由主义是对凯恩斯主义在西方和社会民主福利国家遭遇反对和失败的回应，20 世纪 70 年代，社会民主福利国家遭遇了国家财政危机，不断增加的福利服务支出导致失业率不断升高。与关注充分就业、收入和财富公平分配的社会民主主义的普遍主义不同，新自由主义强调"自由"市场、公共服务的私有化、教育和劳动力的商品化。在这样的背景下，终身学习被认为是重中之重，有助于我们在整个生命周期重新创造自我、投资自我，以此满足经济竞争型社会的要求（Malloch et al.，2021）。生活的所有都要面向发展一个具有经济竞争力和效率的社会，这样说是因为这种社会形态能够在世界市场里高效竞争，一旦竞争获胜，就能造福社会全体成员。但是，当前形势已经表明，这种想法被证明是一大谬论，新自由主义加剧了不平等，导致社会呈现富人和其他社会成员日益分化的特点。

与前面对工业革命的线性、确定的描述（见图 1.1）不同，我们可以想象另一条轨迹，它始于大萧条的战前，经过第二次世界大战，然后是凯恩斯主义和社会民主主义的发展，最后到了新自由主义。但是，在这条轨迹中，社会民主的兴起和衰败都不是技术决定的，而是源于资本和劳工的力量平衡，换句话说，是阶级斗争的结果。

用葛兰西的术语描述，向新自由主义的转变，就是"转型主义"或"被动革命"，即领导阶级为了维护自身利益而转化社会关系。但在当前形势中，新自由主义可能已经触碰到了极限。根据葛兰西（Gramsci，1971：276）的观点，我们正在进入过渡期，"老旧的正在死去，新兴的无法诞生"（见 Streeck，2016：35-44）。新自由主义的缺陷正在凸显，表现为市场失灵、公共服务私有化失败、不平等加剧、收入和财富分配的随意性、愈演愈烈的社会两极分化——不仅限于贫富之间，还表现为政治方面和社会方面。还有其他缺陷，例如社会紧缩和"自由"市场回撤，它们导致国家日益关注自身，最好的例子就是特朗普执政下的美国（Monbiot，2017）。当前形势呈现的特点是就业和工资与生产效率和增长脱钩，这在美英等英语国家尤为明显，结果削弱了市场运作奉行者的做法。

新自由主义和市场运作奉行者幻想一个小政府，一套精英统治的社会秩序和一个个人自由的世界。但新自由主义，连同它的市场原教旨主义教条，看起来不过就是——一个幻想（Bloom and Sancino，2019：19-22）。对曼森（Manson，2019：xii）来说，"自由市场制度已经崩溃了"，而它关于消费主义、自私和等级的箴言已经失去了观念影响力和说服力。

也许这类说法夸大了新自由主义的成功，尽管它全面渗透，但没能够保住社会民主在"二战"后几年里在西方获得的主导（Education Group，1981）。

关于这些过程和轨迹还有另一个思考方式，即通过所谓从工业资本主义到非物质资本主义的转变，强调知识、数字化的显著性和认知能力、软技能的极端重要性。在这种情况下，有某种东西与第四次工业革命、与福特主义向后福特主义及更以后的转变紧密相关，与对知识（或信息）社会的讨论有关，其中知识产权显得更为重要。这一类观点承认它们不是由线性和技术性发展的假设决定，而是由经济、社会和政治进程塑造。

意大利工人主义是理解这些过程的一个切入点，工人对抗工业资本主义的福特制度，他们拒绝工作，最终导致了向后福特主义和非物质资本主义的转向（Lotringer and Marazzi，2007；Tronti，2019）。

非物质劳动的兴起和第四次工业革命密不可分，也关系着当前形势下雇佣劳动本质的争论，当前形势强调知识、认知过程和软技能。重要的是，认识到非物质劳动的物质基础，因为支撑着互联网和脑力劳动的物质基础设施容易被忽视。第四次工业革命的其他特征，如大数据、人工智能和自动化则指向了数个不同的方向，包括技术性失业和对不断提升技能的劳动力的需求。因此，可以认为这些变化预示着转型和影响着劳动力市场。就技术性失业而言，这可以视为源于常规制造业及白领工作的自动化，以及它们与物联网和云服务的结合。

一些研究者认为，这些变化预示了后工作社会，或者至少是预示了劳动时间大幅度缩短的未来社会，从而为人类更充分发展潜能创造空间。可以认为，这种发展正在遭受当前资本主义经济和社会关系的破坏，因为这些关系的基础是稀缺，而不是后工作社会和后资本主义社会带来的充足和第四次工业革命带来的技术进步（Mason，2015）。

前文的讨论可被视为植根于西方和北半球，但还有几点要补充。任何类型的资本主义都以积累资本为导向。运用机器还是雇佣劳动，这不仅取决于资本和劳动力双方的力量平衡，还取决于由此产生的成本，而成本又与劳动力市场运行有关。因此，时势不明朗时，对资本而言，雇佣劳动或许在经济上是合适选择，尽管使用机器和物联网可能会更高效更便宜。这些选择对中低收入国家及它们输出廉价和半熟练劳动力产生影响。

此外，布朗（Brown）等人（Brown et al., 2001：64）提出了"绿洲计划"（oasis operations），即高科技工厂、办公室、研究机构和低规格社区共存，但对后者几乎没有影响。然而，通过联结高技能和低收入，这类计划依旧可能影响发达国家的就业和收入。这样，这些发展会对不同国家、地域和地区内部及彼此之间的劳动力市场产生影响。这可见于前述的"绿洲计划"，一个全球化的劳动力市场可以与本土化劳动力市场建在同一个地方，只是后者工资低，技能要求低，以手工业为主（Peri，2018）。

第四次工业革命预示的技术进步形式可以以多种方式影响中低收入国家。从历史上看，工业制造通过提供就业和工资，为中低收入社会创造了可观的效益。但是，晚工业化国家比早工业化国家提早开始去工业化，因此减少了这些效益。此外，技术发展可能会加速重新整合以往分离的生产工序，使得发达国家的制造业转回国内，导致新兴经济体的就业流失，剥夺它们发展大规模制造业部门的机会。

当然，这个观点很讽刺，读起来像是新自由资本主义的辩护者会说的话，因为它掩盖了发展中国家和新兴经济体因为工厂工作而遭受的苦难和剥削。尽管搬迁到城市寻求就业可以成为解决农村极端贫困的良药，但这剂良药有其巨大的情感成本和"经济"成本，很难视之为摆脱贫困的方式（War on Want，2019）。

职业教育培训、知识和技能

我以 VET（全称 vocational education and training）来指代"职业教育培训"，它被认为能够直接满足雇主的需求。描述这种教育的术语有很多，有时叫作"TVET"，"T"代表"技术或职业教育（technical or career education）。卡拉克和温奇（Clake and Winch，2007：1）认为 TVET 关注"劳动的社会发展",隐晦地指向了劳动力的生产和再生产。在英语国家,人们经常认为 VET 狭隘地、工具性地以工作为导向,地位相对低下,最适合"别人家的孩子"。即使用这个术语来描述大学教育,说成"高等职业教育"(higher vocational education,缩写为 HIVE),也依旧满含着前文所述的贬义。

巴思梅克(Bathmaker,2014)认为,VET 包括"职前准备,普通职业教育,工作相关学习、工作基础学习和高等职业教育(针对相关的专家和技术人员)",以区别于理论教育及专业教育。但是,如果我们认为 HIVE 和 VET 关注的是与劳动社会发展相关,那么它们的作用范围就宽泛得多,囊括了专业教育以及高等教育之外的许多其他内容。

事实上,近年来,特别是 2008 年金融危机之后,教育整体,特别是高等教育,已经越来越职业化,而且更加以商业为重,这是当今教育图景的一个重要特征。

时下围绕 VET、知识和技能的话语方式,和 20 世纪下半叶的争论如出一辙。在这里,我们遇到了一系列熟悉的主题,讨论了对加强培训和再培训的持续需求以及因此产生的必要性,即劳动者应灵活顶岗,应终身学习。

这些观点与针对雇佣劳动正在变化的本质和制造业向服务业转向的其他观点是一致的。现在我们又遇到了广为人知的新自由主义话语方式,它们呼吁发展创新型主体,声称这将提高技能、培养情操,让劳动者成功应对劳动力市场的不稳定状况。

必须强调一点,要发展的不仅有认知能力,还有软技能。有两点需要说明:首先,技术快速变革,要求劳动者要掌握技能,以应对影响劳动者的持续转型;其次,虽然制造业的就业不如以前普遍,但它依然要求劳动者提升能力,可以监控物联网、处理生产过程中所有危机。

这需要发展高水平认知能力、问题处理能力,发展提高对特定生产过程及其结构的具体而复杂的理解能力。因此,技术的快速变革也要求发展通用易适的技能,这与培养特定生产过程所需的特殊技能有某种程度的矛盾。这些问题不仅出现在高收入国家，还出现在中低收入国家，而且会因其所处的具体背景而有所加重。

在许多关于南半球发展中国家和新兴经济体的讨论中，每每谈到技能提升就会提及"技能差距"（skills-gap）。在这种情况下，人们提出多样性和平等问题，将妇女和女童视作可动员、可提升技能的重要劳动力资源，从而解决技能差距问题。这些进程并不平衡，会碰到特定社会经济和政治背景下非常特殊的劳动力市场，不论这个劳动力市场正式与否。

重要的是，要认识到，所谓技能差距和劳动力短缺可以和劳动力剩余并存，而且，有必要注意到与资本积累实践相关的政治经济活动在发挥作用。此外还有一个重点，针对第四次工业革命的讨论引导我们关注制造业，结果导致我们忽视或者至少是淡化了南北半球经济体中不同形式的医疗业和服务业，而它们恰恰对社会和个体的福祉至关重要。

撰写本文时，正是 2020 年 4 月，我们正生活在新冠肺炎（COVID-19）引发的健康危机中。这场危机已经扰乱了全球社会经济关系，许多社会形态摆脱了新自由主义的信条，导致了与社会民主方方面面相呼应的国家干预主义的发展。

大量资金涌入经济体中，试图确保资本的长期利益，安抚那些被迫休假、遭解雇或面临失业的民众。与此同时，尽管人们认识到了雇佣劳动特别是无偿劳动的重要性，VET 却依旧停滞在新自由主义和技术主义的框架内，而这种框架无疑接受了与人力资本发展相一致的竞争逻辑。

正如安德森（Anderson，2009）数年前所说，TVET 本可以帮助提出新的劳动概念，却受困于以经济增长和雇佣劳动为基础的生产力主义模式，而无法做到。目前尚不确定疫情将如何发展，也不清楚危机会如何影响社会和经济关系，特别是 VET 的发展。第五章之后的后记讨论了这些问题。

章节简介

第一章   绪论：第四次工业革命中的职业教育——后工作时代的教育和就业

本章是全书简介。

第二章   社会技术想象和第四次工业革命

传播第四次工业革命概念的人，也在同时建构和重组对未来的特定理解，特别是对未来的想象。

这经常是一个迭代和循环的过程，同样的观点在一系列政策和咨询文件中反复出现。结果，我们就遇到了一连串重复出现的主题，比如机器人化、人工智能、数字化、智慧工厂、互通、互联、纳米科技等等。这些概念渗透到流行文化和媒体影像中，促成了社会技术想象。

重点是，围绕第四次工业革命的想象承认一系列矛盾对立，承认它们要么加剧了当前趋势，要么将在未来出现。本章考察世界经济论坛、欧盟和国际劳工组织关于未来工作和技能的意见，发现它们对 VET 的影响。此外，本章还探讨这些意见在中低收入经济体中会如何发挥作用。但是，在这样的社会技术想象中，存在着一种希望，即相信困难可控，并在可控基础上解决。这一论述虽然强调技术的革命力量，但事实上它仍有限，它的潜能被限定在一个特定的，有人可能会说，自由主义或者起码是在资本主义的框架里。

第三章   机器人化、人工智能、就业和第四次工业革命

无数文章和书籍已经提出，机器人化的发展会对就业产生深远影响，将取代常规体力劳动，最终导致技术性失业。

与此相反，有人通过历史上的例子说明上述观点是谬论。他们的观点得到了劳动力市场分析师的呼应，他们预估，在摩擦冲突 / 暂时性失

业后，会重新恢复稳定。

本章批评、挑战和超越了上述争论，认为它们脱离了英美贫困地区劳动者的生活经验。为了充分了解这些情况，有必要讨论资本主义劳动过程、阶级斗争和食利者资本主义。

这些观点需要联系阶级、种族及性别概念，需要联系这些概念在当下的相互交叉，还要联系中低收入经济体面临的社会经济状况。最后，本章总结了上述讨论对 VET 的启示。

第四章 后工作、后资本主义和第四次工业革命

本章借鉴了先前提出的关于未来工作和技能的观点，但进行了更为大胆的分析。许多针对劳动力市场的研究都拒绝承认劳动者正被逐出有偿劳动的说法，与前几章讨论到的一些分析背道而驰。有人经历和哀叹不稳定、间歇性就业和不充分就业，有人一辈子围着工作转，两类人之间存在着紧张关系。矛盾的是，对一些人而言，这种紧张已经导致了他们被逐出雇佣劳动，而对另一些人而言，这种紧张提高了雇佣劳动的强度。从意识形态表现来看，第四次工业革命呈现为必然的进步，从第一次工业革命顺势而上，一直发展到当下这场工业革命。

但是，这些观点忽视了第四次工业革命如何与资本主义的发展相结合，忽视了它和阶级斗争的关系。这些过程提醒我们技术以什么方式交织在社会关系中。因此，本章所探讨的问题围绕着意大利工人主义、后资本主义、后工作、全民基本收入，以及自相矛盾的富足（abundance）政治问题。因此，本章试图进行政治角度的分析，超越时下关于第四次工业革命的概念，转而宣告即便算不上变革性的，也至少是关键性的实践。本章还呼吁要广泛地理解阶级和 VET，而不仅仅关注雇佣劳动。

第五章 结论：第四次工业革命中的职业教育——后工作时代的教育和就业

本章总结全书，收束贯穿全书的主题，指出它们对致力于发展社会公平社会的 VET 和教育制度的重要性。与此同时，这类调停必须超越

狭隘的教育政见，以更广博的政治姿态致力于社会的转型。许多围绕第四次工业革命的政治主张将自己归于社会正义，但是却立足于资本主义范围内，谋求掌控新情况引发的冲突，而不是超越它们。这些政治言论常常用来缓和紧张局势，因而束缚它们在为创造社会公平的社会而斗争中的潜能。

后记

本篇后记探究了一些关于健康危机和 COVID-19（新冠肺炎）对社会经济关系及 VET 的影响的辩论。当前，新自由主义的信条已经被推到一边，取而代之的是一个寻求确保资本长期利益的干涉主义国家行动。许多评论家认为，疫情将根本性地改变社会、政治和经济关系。这些观点态度不一，一些人悲观消极，另一些人则认为疫情为发展一个更友善、更平等的社会正义社会创造了可能。但不论结果如何，都将取决于劳资力量平衡和疫情的发展。

结论

我在绪论略提及了本书将涉及的一些论争和问题，并在后记中思考了卫生危机和 COVID-19 问题。重点在于，本书从社会正义社会的角度来批判第四次工业革命的建构，探查我们赖以定义雇佣劳动、雇佣劳动和后工作及后资本主义的关系的方式，从而提出了以下问题：我们认为雇佣劳动是实现人类潜能的途径，还是遭受剥削和压迫的方式。有偿劳动和工作满足感及个人实现相互联系，可以被看作特定劳动者群体被资本收编的方式。这样的观点和 VET、知识和技能的理解方式有关。也许，雇佣劳动与资本主义的关系过于紧密，以至于要超越资本主义，我们就需要超越这种雇佣劳动，走向后匮乏社会——如果我们致力于创造一个社会公平的社会的话。

致谢

本章部分来自本人论文，见 "Socio-technical imaginary of the fourth industrial revolution and its implications for vocational education and training: a literature review"，刊于《职业教育与培训》（*Journal of Vocational Education & Training*），2018 年第 70 卷第 3 期，第 337—363 页，详见 https://doi.org/10.1080/13636820. 2018.1498907。

注释

[1]"工业 4.0"这个营销意味浓厚的术语由三位工程师发明推广，他们是亨宁·卡格曼（Henning Kagermann，物理学家，思爱普创始人之一）、沃尔夫冈·瓦斯特（Wolfgang Wahlster，人工智能教授）和沃尔夫-迪特尔·卢卡斯（Wolf-Dieter Lukas，物理学家，德国联邦教育及研究部高级官员）。他们在 2011 年汉诺威工业博览会的新闻发布会上的创举，在 2016 年成为了世界经济组织达沃斯论坛的标语，几乎完美地契合了麦克雷（McCray，2012）所定义的远见卓识（Pfeiffer，2017：107–108）。

[2]第四次工业革命，或工业 4.0，由博世（Bosch）在 2011 年汉诺威工业博览会上首次提出。参会专家说，信息时代的现代面孔给生产带来了创新，新的工业革命随之而来。德国政府很重视这些观点，为"第四次工业革命"这一表述进行了官方背书。博览会后，一个针对第四次工业革命的工作组成立。一年后的新一届汉诺威工业博览会上，工作组为工业 4.0 的实际执行提出了建议，并将其报告给德国政府。工作组由博世执行官西格弗里德·戴斯（Siegfried Dais）和思爱普执行亨宁·卡格曼（Henning Kagermann）共同主持。（Bosch Turkey：online，详见 https://www.sanayidegelecek.com/ en/sanayi-4-0/tarihsel-gelisim/）

参考资料

Anderson, D. 2009. Productivism and Ecologism: Changing Dis/courses in TVET. In *Work, Learning and Sustainable Development*, ed. J. Fien, R. Maclean, and Man-Gon Park, 35–57. Dordrecht: Springer.

Avis, J. 2018. Socio-Technical Imaginary of the Fourth Industrial Revolution and its Implications for Vocational Education and Training: A Literature Review. *Journal of Vocational Education & Training* 70 (3): 337–363. https://doi.org/10.1080/13636820.2018.1498907.

Bastani, A. 2019. *Fully Automated Luxury Communism*. London: Verso.

Bathmaker, A.-M. 2014. *'Applied', 'Technical' and 'Vocational' Constructions of Knowledge in Vocational Education*. Paper presented at Vocational Education and Training: Policy, Pedagogy and Research, BERA Post-Compulsory and Lifelong Learning SIG, The University of Birmingham.

Bloem, J., M. Van Door, S. Divesting, D. Excoffier, R. Maas, and E. Van Ommeren. 2014. *The Fourth Industrial Revolution Things to Tighten the Link between IT and OT*. VINT Research Report 3. https://www.fr.sogeti.com/globalassets/global/downloads/reports/vint-research-3-the-fourth-industrial- revolution.

Bloom, P., and A. Sancino. 2019. *Disruptive Democracy*. London: Sage Swifts. Brown, P., H. Lauder, and D. Ashton. 2011. *The Global Auction*. Oxford: Oxford University Press.

Brynjolfsson, E., and A. McAfee. 2014. *The Second Machine Age: Work, Progress and Prosperity in a Time of Brilliant Technologies*. New York: Norton & Company.

Clarke, L., and C. Winch. 2007. Introduction. In *Vocational Education*, ed. L. Clarke and C. Winch, 1–18. London: Routledge.

Education Group, CCCS. 1981. *Unpopular Education*. London: Hutchinson.

Fuchs, C. 2018. Industry 4.0: The Digital German Ideology. *tripleC*16 (1): 280–289. https://doi.org/10.31269/triplec.v16i1.1010.

Gramsci, A. 1971. *Selections from the Prison Notebooks*. London: Lawrence and Wishart.

Hajkowicz, S., A. Reeson, L. Rudd, A. Bratanova, L. Hodgers, C. Mason, and N. Boughen. 2016. *Tomorrow's Digitally Enabled Workforce: Megatrends and Scenarios for Jobs and Employment in Australia Over the Coming Twenty Years*. https://www.acs.org.au/content/dam/acs/acs-documents/16-0026_ DATA61_REPORT_TomorrowsDigiallyEnabledWorkforce_ WEB_160128.pdf.

Kagermann, H., W. Wahlster, and J. Helbig. 2013. *Recommendations for Implementing the Strategic Initiative INDUSTRIE 4.0, Securing the future of German manufacturing industry Final report of the Industrie 4.0 Working Group*, http://www.acatech.de/fileadmin/user_upload/Baumstruktur_nach_ Website/Acatech/root/de/Material_fuer_Sonderseiten/Industrie_4.0/Final_ report__Industrie_4.0_accessible.pdf.

Lotringer, S., and C. Marazzi. 2007. *Autonomia: Post-Political Politics*. Los Angeles: Semiotext(e).

Malloch, M., L. Cairns, K. Evans, and B. O'Connor, eds. 2021. *The SAGE Handbook of Learning and Work*. London: Sage.

Mason, P. 2015. *Postcapitalism*. London: Allen lane.

——. 2019. *Clear Bright Future*. London: Allen lane.

McAfee, A. 2019. *More from Less*. London: Simon and Schuster.

McCray, P.W. 2012. *The Visioneers: How a Group of Elite Scientists Pursued Space Colonies, Nanotechnologies, and a Limitless Future*. Princeton: Princeton University Press.

Monbiot, G. 2017. *Out of the Wreckage*. London: Verso.

Peri, N. 2018. *Examining Non-formal Education in Complex Knowledge Production: A Case Study of the Safety Match work and workers in South*

India. Phd Thesis, Faculty of Social Sciences and Law, University of Bristol.

Peters, M.A. 2017. Technological Unemployment: Educating for the Fourth Industrial Revolution. *Educational Philosophy and Theory* 49 (1): 1–6. https:// doi.org/10.1080/00131857.2016.1177412.

Pfeiffer, S. 2017. The Vision of "Industrie 4.0" In the Making—A Case of Future Told, Tamed, and Traded. *Nanoethics*11: 107–121. https://doi.org/10.1007/s11569-016-0280-3.

Schrauf, S., and P. Bertran. 2016. *Industry 4.0: How Digitization Makes the Supply Chain More Efficient, Agile, and Customer-Focused*. PWC. https://www.strategyand.pwc.com/reports/digitization-more-efficient.

Schulze, E. 2019. *Everything You Need to Know About the Fourth Industrial Revolution*. https://www.cnbc.com/2019/01/16/fourth-industrial-revolution- explained-davos-2019.html.

Schwab, K. 2017. *The Fourth Industrial Revolution*. London: Portfolio Penguin. Streeck, W. 2016. *How Will Capitalism End?* London: Verso.

Tronti, M. (2019 [1966]). *Workers and Capital*. Verso: London.

Wahlster, W. 2016. *Industrie 4.0: Cyber-Physical Production Systems for Mass Customization*. German-Czech Workshop on Industrie4.0/Průmysl 4.0, Prague, April 11. https://www.google.com/search?q=Industrie4.0%3A+Cyber-Physical+Production+Systems+for+Mass+Customization&rlz=1C1GCEA_ enGB842GB842&oq=Industrie4.0%3A+Cyber-physical+Production+Systems+for+Mass+Customization&aqs=chrome..69i57.1070j0j7&sourceid=chrome&ie=UTF-8.

War on Want. 2019. *Sweatshops in Bangladesh*. https://waronwant.org/sweatshops-bangladesh.

第二章 社会技术想象和第四次工业革命

摘要

鼓吹第四次工业革命的人同时也在建构和重组对未来的特定理解。这往往是一个反复的过程,政策和咨询性文件复述着同样的观点。我们遇到一系列反复出现的主题,包括机器人化、人工智能、数字化、智慧工厂、互通、互联、纳米技术,诸如此类。这些主题渗透到流行文化,促进了社会技术想象,认为一系列矛盾的紧张关系要么会加剧当前的形势,要么将在未来出现。本章探究了关于未来工作和技能的观点,指出这些观点对 VET 的启示。尽管这些观点强调技术的革命力量,但它仍有限,潜能被限定在一个特定的自由主义或起码是资本主义的框架里。

关键词

第四次工业革命;社会技术想象;工作和技能的未来;新自由主义;资本主义

引言

前面的章节探究了第四次工业革命和工业 4.0(以下合称"第四次

工业革命")的概念形成,指出从第一次工业革命到第四次工业革命引出了一条线性的、稍显决定性的轨迹。在更细致的论述中,这种轨迹看起来简化了复杂的实际过程。但是,大量政策和咨询性文件依旧模仿着类似于前文所示的图示(图 1.1)。重点是,鼓吹第四次工业革命概念的人同时也在建构和重组对未来的特定理解以及思考和理解未来的方式。这常常是一个反复、循环的过程,伴随着一系列文件重述相同的观点。结果,我们遇到了一系列反复出现的主题,比如机器人化、人工智能、数字化、智慧工厂、互通、互联、纳米技术等。这些概念渗透进流行文化和媒体影像中,促进了对第四次工业革命及其所处的社会经济背景的广泛而常识性的理解,而新自由主义在这种社会经济背景中占据着霸权地位(Hajkowicz et al.,2016;Bloem et al.,2014)。

这些影像借鉴了科幻作品,从弗里茨·朗的经典电影《大都会》一直到《星际迷航》。2017 年,英国电视频道第四频道(Channel 4)推出了"机器人崛起季"(Rise of Robots Season)系列剧集,探索无人驾驶汽车、人工智能和性爱机器人。英国广播公司频道三则播出了一个叫作《机器人可以爱我们吗?》(*Can Robots Love Us*?)的节目(另见 Dyer–Witheford et al.,2019:24–28)。后面提到的节目虽然略显老生常谈,但建立在可能夸大了人工智能潜力的变革性技术力量之上,预料了影响社会关系的根本性社会变革(Chollet,2017;但见 Mason,2019)。这类过程和文化实践有益于我们理解第四次工业革命。

社会想象

借用泰勒(Taylor,2002,2004)的术语来说,对第四次工业革命的常识性理解有助于形成社会想象,有助于社会实践反映社会想象和社会实践合法化的方式。泰勒运用社会想象(social imaginary)这个概念指代"人们想象其社会存在"(Taylor,2004:23)的方式。第四次工业革命的概念源自理论家,然后向精英传播,最后被大众接受。从这个意义上来说,这些可被理解为"社会想象"。对泰勒而言,社会想象不同于社会理论，因为前者"不受限、不确定的本质"（Taylor，2004：25）。从这些想象中，我们可以看到自己如何理解第四次工业革命和围绕着第四次工业革命的一连串术语：机器人化、人工智能、大数据等，看到我们如何认识围绕着这些概念的矛盾和冲突。

但是，我们可以通过其他方式思考社会想象，而这些方式又借助了不同但有所联系的理解。对泰勒（Taylor，2004：24）来说，社会想象通常来自社会理论家的著作，著作渗透到精英的想象中，然后向大众普及。类似的概念还可见于安德森（Anderson）所著《想象的共同体》（*Imagined Society*，1983）、阿帕杜莱关于想象作为社会实践的观点（Appadurai，1996）和赛义德（Said）2003年提出的"想象地理学"（imaginative geographies）。

这些研究者全部强调社会想象在实践领域所发挥的作用及其凸显的特点，但是淡化或忽视科学和技术的显著作用（Miller，2015；Jasanoff and Kim，2015）。尽管阿帕杜莱（Appadurai，1996：34）讨论了技术景观，即"技术的全球配置，它流动不息；技术，无论高低，无论机械性还是信息化，现在正在高速流动，突破以往密不透风的界限"，但其中还是有将技术流动理解为文化流动的倾向，因而忽视了社会技术想象。

与此同时，他提醒我们，"想象已经成为了一个有组织的社会实践领域，一种工作形式（在劳动和文化组织实践双重意义上），一种代理场所（个体）和由全球定义的可能性领域之间的协商形式"（Appadurai，1996：31）。

围绕第四次工业革命的想象会成为关键，可以将它们理解为有实质性结果的话语。沃特金斯（Watkins，2015：599）引述赛义德（Said，2003）的话，指出空间想象意味着"这些是社会化的故事，是再现和讨论时空的方式"，而在本章的语境中，故事和再现指的是经济和社会经济关系。

贾萨诺夫（Jasanoff，2015：4）认为，社会技术想象是：

　　　　关于理想未来的愿景，由集体持有，经组织固定，对公众展示，因为对社会生活形式和社会秩序的共同理解而生机勃勃。这种社会生活形式及社会秩序和科学及技术的进步互相支持，成就彼此。

围绕第四次工业革命的大部分讨论是在这样一个想象中展开，同时对雇佣劳动和 VET 产生实质性的影响。也许呼应现代性是社会作为经济体的"意识"（Taylor，2002：105）。它也是在确保对社会未来协商一致理解的努力范围内展开。

菲佛（Pfeiffer，2017）在亚当和葛洛夫（Adam and Groves）合著《事关未来》（*Future Matters*，2007）基础上，将围绕第四次工业革命的想象视作有待"讲述、控制、交易的未来"（a future to be told，tamed，and traded）。对她而言，这些词汇意指围绕第四次工业革命建构话语或建构想象的方式，是讲述未来的方式，而未来的突出特征是瞬息万变，但变化将引发一系列需要加以控制和管理的危机（Oschinski and Wyonch，2017）。与此同时，这种话语还意味着一个需要交易和投资的未来。重点是，这些建构并不仅限于西方，而是遍布全球。这些想象不仅囊括发达经济体，还有新兴经济体和不发达国家，尽管想象会因经济体而异。这些想象以其迥异甚至是矛盾的方式展现自身，并且建构令人信服的故事——以新自由主义、后新自由主义或起码是后资本主义为立场的故事。

意识形态

前文所述与大量术语关系紧密，其中包括霸权、话语以及意识形态。阿尔都塞（Althuseer）的结构马克思主义提供了对意识形态关系和话语的特殊理解，可以用于分析第四次工业革命，可作为前文讨论的补充。因此，我将从他的著作中引述数个观点。

意识形态是个人与其真实存在条件的想象关系的表现（Althuseer，1972：264）。

> 意识形态有一个物质存在（Althuseer，1972：267）。
>
> 意识形态将个体唤询为主体（Althuseer，1972：270）。

意识形态反映个体对社会形式及其社会经济关系的想象关系。换言之，意识形态即对个体和其真实存在状况的表现。此外，意识形态的物质性影响着社会实践。最后，意识形态将个体唤询为或是定位为特定类型的主体。

如果我们回想第四次工业革命及其社会技术想象，我们可以判断出它是如何展现个体与其真实存在状况的想象关系，以及这种想象如何影响实践，即物质性。同时，我们也可以判断，第四次工业革命如何试图将个体建构或唤询为特定类型的主体。

科恩（Cohen，1972，1997）对青年亚文化的讨论在某种程度上受到了阿尔都塞的影响。科恩认为，"亚文化的潜在作用，就是表达和解决主流文化中一直隐藏或悬而未决的矛盾，尽管是以一种'神奇'的方式"（Cohen，1997：57）。也许，我们可以设想，围绕第四次工业革命的想象与亚文化相似，它们都试图克服并神奇地解决围绕第四次工业革命及其更广泛的社会经济背景的紧张和矛盾。那么，这些紧张和矛盾是什么？

紧张和矛盾

- 工作、收入和财富的两极分化（Citi GPS：Global Perspectives & Solutions，2016；Goos and Manning，2007；Goos et al.，2014；Autor，2015）；
- 从劳动力为上转为资本为上（Lordon，2014：40）；
- 垄断和寡头趋势（Harvey，2014）；
- 技术性失业、劳动力短缺和技能差距（Citi GPS：Global Perspectives & Solutions，2016；Pew Research Center，2017）；
- 人口结构变化带来的矛盾，这些变化的受益者要么是年纪大的工人，要么是年轻的工人或女工（Goodhart and Pradhan，2017；MGI，

2017；WEF，2016）；

- 降低和 / 或提高技能（Alhammadi et al.，2014）；
- 被排除在雇佣劳动以外的过剩人口（Avent，2017）；
- 不稳定的增长（Standing，2016）；
- 生态掠夺（Hajkowicz et al.，2016）；
- 或是以上议题的各种组合（Dolphin，2015）。

以上可以解释为随意列举的当下社会经济状况遇到的问题（Avis，2018）。但它们全都可以关联到第四次工业革命的方方面面。收入和财富的两极分化与食利者资本主义的重要性和劳动力市场中等职位工作的流失有关，这两个问题某种程度上已经因为数字化和物联网而加剧。这些变化本身体现为资本在与劳动力的关系中力量在增强，以及不稳定岗位的不断增加。尽管如此，这些观点还是受到质疑，其中有研究者撰文探讨青年和老年劳动者的人口红利，也有人强调所谓"性别溢价"。就是说，他们认为妇女是未被充分利用的资源，一旦充分调动，就会对经济增长做出重要贡献，特别是在南半球新兴和发展中经济体中。《世界经济论坛》（WEF，2016）声称：

> 实现性别平等不仅仅是一个道德问题，它还有经济上的意义。
> 男女在各方面的平等，包括医疗卫生、教育、政治权力和薪酬潜力
> 等，对社会是否繁荣、如何繁荣至关重要。

垄断和寡头的趋势反映在平台经济的重要性上，也反映在亚马逊、谷歌、优步和脸书的权力上，它们因为数字化、大数据的启用、算法的应用和资本主义逻辑而变得十分便利（Srnicek，2017）。梅森（Mason，2019：115–131）提醒我们数据存储及其传播过程的重要性，以及由此产生的环境成本。但是，在关于第四次工业革命的社会技术想象中有这么一种信念：不论爆发了什么冲突、产生了什么矛盾或是出现了什么困难，都能够得以成功应对，以此保全全体的利益，或者更准确来说，资

本的利益。敏思（Means，2018）借用莫罗佐夫（Morozov，2013）解决主义（solutionism）的观点描述这种技术决定论过程（见 McAfee，2019）。这种分析的核心要旨可见于世界经济论坛（WEF，2018a：12，13）这篇长文：

> 现在，政府、企业和其他行为主体可以用数种潜在的行动方案，以提高创造新世界的可能性：有朝一日，人们能够从事有意义、有满足感和有安全保障的工作；受劳动力市场变化影响的工人能在转型期得到支持；人们能为自己和身边的人创造新的机会；发展能以人为本。其中一些可能算作"稳赚不赔"或"买定离手，下注无悔"，因为全社会和不同利益群体尽管所求不同，但依然存在着普遍的强烈共识……
>
> 其他措施可看作"豪赌"……但在目前，要求的共识会少得多，特别是它们往往对于工作的意义、技术的价值和围绕社会平等的价值观持有不同的观点。因此，每一种方式下可以考虑的确切行动路线，将取决于每个地区和社会中的一系列情况和态度。

针对这篇文章，可以提出很多观点，但是我想特别强调关于未来工作及其社会经济背景的几点。这篇文章来自一份文件，该文件探索了关于未来工作的八种场景，认为核心利益群体、政府和企业之间，存在着对发展有意义的、安全的工作等方面的共识。它倡导以人为本的发展。在这样的背景下，面对劳动力市场变化所引发的混乱，劳动者将得到支持，接受安置，在新环境中为自己创造机会——这是对发展新自由主义创业主体的呼吁。此外，文章承认关于工作、技术、价值观和社会平等的一系列辩论。另外，这篇文章指出了多个可以"积极塑造美好未来"的"不完全"行动（WEF，2018a：12–13），如下所示：

- 劳动力再培训
- 教育制度改革

● 提高数据接入

再培训、教育改革和提高数据接入关系到劳动者的发展问题及提供该发展的承担性（affordance）问题。此外，有人呼吁采取另一套政策干预措施，借此解决伴随第四次工业革命的快速变化所引发混乱。这些倡议呼吁，通过提供收入支持、工作保障、鼓励创造"创新"工作和发展大众创业来支持转型时期的劳动者。

● 灵活的安全网
● 工作保障的激励措施
● 创造创新工作的激励措施
● 支持大众创业（WEF，2018a：12-13）

也有意见认为，要监管在线版平台，确保提供公平的工作。也有人担心劳动力的流动问题，特别是熟练工人的跨国流动加速。最后，参与激励会有助于灵活的就业安排，既解决工业的需要，也满足兼职劳动者的需求。

● 在线版平台工作的监管
● 流动性管理
● 参与激励（WEF，2018a：12-13）

这些政策建议都基于一个非常特殊的领域，即认为现存的根植于新自由主义和资本主义关系的社会经济关系是理所当然的。从这个意义上说，这些主张构成的未来不仅是"有待讲述"，而且是"有待驯服和交易"。在这种情况下，围绕第四次工业革命的新情况所提供的激进的承担性受制于它们现有的社会经济关系。因此，第四次工业革命所提供的承担性受到了限制，又因为它受困于现状，所以潜在的激进主义被弱化。

别忘了，重要的是去承认技术从来都不无辜（Avis，1981；Dyer-Witheford et al.，2019：20）。承担性来自围绕着第四次工业革命的技术，它将有可能被资本主义关系和利益影响和渗透——因此，有必要超越并转换它们，以此造福全体。这些技术也蕴藏着斗争。虽然技术将被塑造和扭曲，以服务于资本主义，但仍有需要挖掘的空间。这些空间可占领、可挪用，从而追寻进步的可能性，尽管这个过程令人忧虑且充满矛盾。

超国家组织

世界经济论坛提出的观点和其他超国家组织提出的观点有相似之处。对米勒（Miller，2015：277，278）而言，这种联系展现了他所描述的全球主义，在这种全球主义中，技术科学的概念被运用于跨国政府机构的实践里。

围绕第四次工业革命的争论，以及欧盟委员会及其"新"技能议程（EU commission，2016）进行的干预都是恰当的例子。该议程认为，技能应为所有的利益群体、劳动者、企业和更广大的社会带来更高的就业能力和繁荣。值得注意的是，该议程运用了一个相当简洁的概念描述技能，即"一个人知道什么，理解什么，能做什么"（EU commission，2016：2）。这些技能中最重要的是数字能力。经济和社会的数字转型不仅重塑着劳动过程，而且重构着人们彼此互动交往的方式。因此，数字素养正在成为公民参与的先决条件。欧盟委员会（EU commission，2016：7）认为"欧洲需要数字素养非常高的人才，他们不仅要能够使用这些技术，而且还能创新和引领。没有他们，欧洲将无法拥抱这数字转型"。

还有一点很重要，就是要承认，新技能议程在社会包容、社会凝聚和欧洲社会市场经济这几点上，呼应了更早期的社会民主。也许，这意味着欧盟委员会和资本主义的某些部分或特定的利益集团有着特定的关系。

几年前，在一个关于包容性资本主义的大会上，时任英格兰银行总裁马克·卡尼（Mark Carney，2014）和时任国际货币基金组织总裁克里斯蒂娜·拉加德（Christine Lagarde，2014）呼吁发展更具包容性的资本主义。他们都试图缓和资本主义催生的过度现象（the excesses），同时也要确保情况有利于自由市场维持现状。卡尼受到 2008 年金融危机的启发，认为在金融危机期间或之后赚得盆满钵满的银行家们，未来应该要面对纪律完备的市场。这将有助于弱化他们先前的特权，有助于重建社会资本、重建更广大社会对金融机构的信任。但除此之外，市场纪律还将增强经济活力。拉加德想法类似，关注重建信任，呼吁更平等地分配收入和财富。值得注意的是，这种想法建立在自由市场资本主义的构架里，却试图避免内在的崩溃倾向，避免成为"自己的掘墓人"。在思考包容性资本主义时，拉加德不仅将其与精英政治、民主、社会资本及信任的显著性联系起来，还与竞争力和追求增长联系起来。

和前文所论相呼应的是联合国文件（UN，2015）《可持续发展目标》（*Sustainable Development Goals*，简称 SDGs）。[1] 这份文件遭受到持续批评和讨论。比如说，希克尔（Hickel，2015）认为可持续发展目标虽然关注减少贫困、呼吁发展经济，但是因为躲避确保更公平、更平等地分配资源、收入和财富的挑战，因而回避了不平等题。与此相似，斯维因（Swain，2018：342）评论道：

> 可持续发展目标旨在消除贫困，建立社会经济包容，保护环境。但反对者的分析认为，可持续发展目标中潜藏着矛盾，特别是在社会经济发展目标和环境可持续性目标之间……还有批评提出了可持续发展目标的实现是否可以衡量和监管的问题。

众多可持续发展目标可以通过技术和 VET 得到实现。但是，我想提请读者注意以下与 VET 和社会公正密切相关的可持续发展目标。

目标 4：确保包容和公平的优质教育，让全民终身享有学习机会；

　　目标5：实现性别平等，为所有妇女和女童赋权；

　　目标8：促进持久、包容和可持续的经济增长，促进充分和生产性就业，确保人人获得体面工作；

　　目标9：建设有风险抵御能力的基础设施，促进包容的可持续工业化，并推动创新；

　　目标10：减少国家内部和国家之间的不平等（UN，2015）。

这些目标强调性别平等、终身学习、经济增长、充分就业、人人获得生产性工作和体面工作，进而减少不平等。这些目标可能与围绕全球当前经济状况的霸权主义辩论有关，与米勒的全球主义概念相类似。

因此，他们与其他超国家组织所青睐的组织产生了共鸣。不出所料，国际劳工组织总干事盖伊·赖德（Guy Ryder）在国际劳工组织的《初始报告：全球工作未来委员会》（*Inception Report: for the Global Commission on the Future of Work*）的前言中重申了这些担忧（ILO，2017：v）：

　　2019年，国际劳工组织将成立一百周年，在实现社会正义的重要性方面，它面临的风险很高，而且越来越高。不平等、不安全、不包容的现象越来越普遍，危及生命和生计，对社会组织和民主社会构成了实在的威胁，人们对经济增长和人类进步的忧虑因此不断加深。2019年后，联合国《2030年可持续发展议程》和17个可持续发展目标，两者增加了国际劳工组织完成任务的紧迫感和机遇，同时也强调了环境可持续发展在创造体面工作和发展包容性全球经济方面的关键作用。

这些主题也被纳入联合国教科文组织的《技术和职业教育与培训战略》（*Strategy for Technical and Vocational Education and Training*，2016：6）里，其中有三个优先领域：

  （1）鼓励青年就业创业；

  （2）促进公平和性别平等；

  （3）加快向绿色经济和可持续社会转型。

  许多超国家组织采纳了一种循环论证，主题一致，却说法不同。尽管各有侧重，但它们都处在特定的时代精神中。阿泽维多（Azevêdo）在再次担任世界贸易组织总干事前声明，"如果我有幸能获得各成员的支持，连任总干事，我会依旧坚持这一清晰目标，那就是，不为了贸易而追求贸易，贸易要成为支持就业、增长和发展的基本手段"（Azevêdo，2017）。他呼吁发展包容的社会和经济，让那些"被抛下"的人重回主流社会中，同时制定国内政策，特别是针对教育的政策，培训是这个议程的重中之重（Azevêdo，2018）。

新社会契约

  这些主题和我已经讨论过的超国家组织有所交叉。在这个节点上，把这些主题汇聚一起将大有裨益。前文所述我们致力达成的目标有：体面的工作、性别多样性和平等、终身学习、发展包容且环境可持续的社会和以人为本的发展。理解这些关注点的方式很多，然而，矛盾之处在于，这些利益符合巴斯塔尼（Bastani，2019）在费雪（Fisher，2010）之后所描述的资本主义现实主义，也就是说，资本主义和自由市场无可替代的建议。因此，尽管新自由主义已经触碰到了其极限，但我们能做的无非是缓和或弱化其过度现象（Bastani，2019；Mason，2015，2019）。世界银行（World Bank，2019：10）评论新自由主义的过度现象时指出，"当下的社会契约在大多数新兴经济体已经分崩离析，而在一些发达经济体看来也越来越过时。"如果接受这一立场，就要同时呼吁一个新的社会契约，要能够解决先前提到的忧虑，也要试图恢复经济制度的合法性。重要的是，这会以保护资本利益的方式进行。

  全球未来工作委员会（Global Commission on the Future of Work,

2019：11-13）呼吁新社会契约应该把以人为本的议程作为核心。新契约有三大支柱，呼吁增加对人的投资，包括技能水平、工作制度、体面和可持续的工作的投资。若是这些措施得以落实，将能支撑经济的增长、公平和可持续性。

对世界银行而言，这个新社会契约旨在为劳动者提供社会保护和包容，以发展人力资本为目的，从而让劳动者能够参与竞争激烈的劳动力市场。许多其他研究者已经呼吁一种新的社会契约了。

前印度储备银行行长、国际货币基金组织首席经济学家及研究主任拉古拉姆·拉詹（Raghuram Rajan，2019）讨论了支撑更广泛社会的三大支柱——包括国家、市场和社区。当这些支柱摇摇欲坠时，危机就在整个社会出现。

在目前形势下，由于前文所述的危机，社区已经被弱化，国家及市场之间关系已经失衡。

对拉詹而言，恢复这样的平衡或者社会契约是有必要的，这样社会才有更好的未来。这不仅需要遏止市场的过度现象，还要抑制威权民粹主义和反民主国家的过度现象。这些观点得到了麦卡菲（McAfee，2019：265）的呼应，他认为只有"乐观主义四骑士"，即资本主义、技术进步、灵活的政府和公共意识四者结合起来，彼此平衡，就可以保证社会全体成员的福祉。

韦斯特（West，2018）提出了一系列干预措施，用以管理第四次工业革命所预示的新经济转型。他讨论了在这种新情况下，为劳动者提供支持和社会保障的众多方式，其中包括全民基本收入（universal basic income），以及为"数字经济"转型者提供收入支持。

英国财政研究所的《迪顿评论》（*Deaton Review*）发起了一场讨论，主题是 21 世纪英国的不平等，评价了对"被抛下"的人，包括穷人、年轻人、缺乏资历的人以及对大城市中心以外地区的忧虑。

这些现象不仅反映在收入和财富的差距，也反映在人生机会和生活水平等方面（Joyce and Xu，2019：2）。我在本节评析的讨论表明，人们关注不平等不断加剧带来的社会和政治影响，不平等与人生机会、收入和财富相关，也与地区差距和生活水平不平等相关。

对新社会契约论的呼吁，可以看作这些研究者、部分超国家组织和国家组织在寻找新解决方案上的尝试，他们想借此保障资本不断积累，同时缓和自由市场的过度现象。与此同时，斯蒂格利茨（Stiglitz，2019：31）评论新自由主义美国时指出，"我们必须要构建新的社会契约，使我们这个富裕国家的每个人都能够过上体面的中产阶级生活"。

我们也可以将此解读为重塑进步新自由主义的一种尝试，借鉴了和多元性相关的认同政治，特别是性别、种族和性取向议题，但同时与平等及精英政治的等级概念合谋，最终和资本的特定部分狼狈为奸（Fraser，2019：11–18）。在这种情况下，上述超国家组织运作得就像是准国家，试图和资本主义组织协调一致，控制阶级冲突，借此保障资本的长远未来。但要达成这样的目标，靠资本家个体行不通，因为"国家"必须惩戒资本任性部分（Fleming，2017；Miliband，1973；Poulantzas，1978）。这种分析只能带我们行止于此，但确实提醒了我们这些阵营扮演的意识形态角色。它还指明，特定的利益联盟将围绕资本主义特定部分、超国家组织的成员身份以及它们和劳工运动的关系三者联合了起来。这种联盟代表了资本内部的进步潮流，但却不可避免地在经济制度现实的影响下有所妥协。

还要记住当前形势下许多雇佣劳动的残酷性。想一想被一些工厂雇佣的劳动者吧（Dyer–Witheford et al.，2019：74）。考虑一下发达国家和发展中国家的青年失业水平也很重要。多年以来，这些一直都是超国家组织和各国政府关注的重点，但失业率顽固地居高不下，不仅发达社会如此，发展中国家也一样。大量剩余劳动者被驱逐出劳动力市场，但在国家发布的就业统计数据中，这已经不再可见（Blanchflower，2019：23–27）。

此外，我们需要认识到，超国家组织采取的矛盾立场——国际货币基金组织参与了一个结构调整项目，试图将市场规则强加给发展中经济体，却加剧了贫困和不平等（Forster et al.，2019）。欧洲央行和欧盟对希腊实行紧缩政策，却导致高失业率，不平等加剧以及劳动人民生活水平下降。

可持续增长

经济合作与发展组织（OECD）的《2050年环境展望》（OECD，2012）阐述了世界面临的一系列问题。报告讨论了数个主题，包括社会经济发展、能源和土地利用、气候变化、健康和环境，详细说明了不作为的危害。若不采取行动，减轻这些发展的影响，世界将面临无法解决的问题，这些问题将会削弱长期可持续性，导致生态掠夺——也就是说，气候变化的"幽灵"将逃脱掌控。

世界经济论坛（WEF，2018b，2019a，b）出具的许多报告指出，第四次工业革命可以减少上述的危险，它提供的技术性解决方案可服务所有利益团体的利益，不论商业还是商业所服务的社群和顾客，不论南北半球，统统双赢。因此，世界经济论坛（WEF，2018b：5）指出了五大跨行业趋势：

（1）先进的再制造产业：物理和数字技术的创新正快速成为闭环的推动者，因为它能实现成本效益高的退货流程、机器人拆卸和先进的材料分拣。连接设备将信息反馈给设计和工程部门，以此提高产品的耐久性和性能。增强的劳动力系统、协同机器人，结合管理逆向物流的数字化跟踪系统，这种技术集群可以驱动巨大的三重底线价值（社会、生态和金融），提升品牌声誉，削减不断增长的供应链风险。

其他四大趋势包括以下运用：

（2）与封装电子产品相关的新型绿色材料、肉类替代品等；
（3）先进的精准农业；

（4）自动化、物联网和供应链缩短以提高工厂效率；

（5）可追溯性，用以确认材料来等，这将使逆向物流和工程成为可能。

关键是，这些流程可以减少能源消耗，并且和绿色科技相结合。他们的观点是，第四次工业革命可以借助数字技术、物理技术、生物技术和智慧科技提高竞争力，有益于地区经济效率和环境可持续性（WEF，2019b：5）。

此外，第四次工业革命还被认为会催生基于新技术提供的承担性的新商业模式。比如说，逆向工程和循环经济商业模式，像是延长产品寿命等。世界经济论坛（WEF，2019a：8-9）认为，通过这种方式，第四次工业革命可以：

> 对制造商而言，可持续制造是其战略中不可或缺的一环，不仅可以降低成本、提高盈利能力，而且可以推动业务增长，用来与利益相关者建立信任。对政府而言，可持续制造可以对环境和社会产生积极影响，而且有助于实现联合国可持续发展目标。

值得注意的是，在制造商、政府和更广阔的社会三者的利益之间有可喜的一致，它围绕着以竞争力和增长为导向的经济状况。这种追求被认为是要造福社会全体成员，不论是在北半球还是在南半球。这些正是世界经济论坛（WEF，2019a）在《制造业技术和创新的灯塔》（*Beacons of Technology and Innovation in Manufacturing*）中关注的焦点，它们仿若灯塔，指明了人们前进的方向。正如在这些讨论中一样，劳动者被塑造为一个独立的人力资本——一种新自由主义或资本主义的建构（WEF，2019a：14）。

但是，对实现联合国可持续发展目标的思考提供了一种资源，能在发展社会公平社会的斗争中被激活。这可以作为机制，让资本承担责任。但是，和对新社会契约的呼吁一样，它建立在一个非常特殊的领域，接受了资本主义的社会关系以及资本主义赖以存在的稀缺假设。麦格拉斯和鲍威尔（McGrath and Powell，2016：17）提醒我们进行比较：

> 政策制定者和国际援助机构急于规划绿色技能、绿色工作和绿色经济。这些都不具有最终的变革性，因为它们没有对个体赋予足够的动力，也没有直面可持续发展核心的根本冲突。其中包含的技能发展愿景也不具有真正的变革意义。与此相反，绿色技能的主流方法与就业能力的狭隘概念并存；学习者没能发展成为优秀消费公民所必需的技能，对此却鲜有分析；一整套设想，只见人力资本，却无视制度和政治经济的作用；对工作的描述从根本上讲仍然是生产力主义。

麦格拉斯和鲍威尔认为，超国际组织关注了环境和绿色问题，但围绕它们的讨论还不够深入。因此，它们潜在的激进主义被拦腰截断，成为生产力主义范式的一部分（Anderson，2009），阻碍了 VET 的后工作分析。此外，生产力主义不讨论被排除在正式经济以外的人，也不讨论无薪的护理人员。如果拓展 VET 的概念，就可以超越这些局限，某种程度上也是桑卡霍和瓦伦特（Zancajo and Valiente，2019）在呼吁将 TVET 政治化时所考虑的。

总结

很多讨论围绕着公平、可持续生计和体面工作，但是一旦和许多人的工作环境对立，围绕这些讨论的矛盾和冲突就会变得明显。我们可以将解决这些问题的进步话语视为资本辩护者所发展出来的意识形态，但这样的姿态会忽视这些干预背后的复杂政治。与其将政策言论视为一种获取有利条件的资本工具，不如将它当作一种资源，借此为一个社会公平的世界而斗争。

在这一章中，我讨论了围绕第四次工业革命的社会想象和意识形态，接下来我将探索第四次工业革命的建构，挖掘它如何嵌入资本主义关系中。

我探查了围绕第四次工业革命的冲突和矛盾。那些试图探讨第四次工业革命提供积极承担性的人，基于数个超国家组织所提出的观点，也承认这些冲突和矛盾。其中一些人设想了一个新的社会契约，试图克服金融、食利者和自由市场资本主义的过度现象。

在运用驯服资本（the taming of capital）这一术语时，弗雷泽（Fraser）和贾吉（Jaeggi）与菲佛（Pfeiffer）不同，后者用这个词指代资本如何为了保障自己的利益而削弱第四次工业革命所提供的承担性。与此相反，弗雷泽和贾吉写道（Fraser and Jaeggi，2018：5）："'被驯服的'资本主义如何不失其为'资本主义'呢？这主要是一个语义问题。与此同时，当代资本主义造成的过度现象和威胁可能让我们暂停下来，（拷问）'驯服'资本主义这个想法是否依然恰当。"换句话说，我们应该和弗雷泽、贾吉一起质疑，一个能以社会民主或平等主义式资本主义的方式平衡劳资利益的新的解决方式或社会契约，是不是一个可行的政治方案（Kenworth，2004）。这也提出了几个额外的问题，其中关键的一个是，现有的资本主义是否阻碍社会发展，也就是说，现有的资本主义是否会迈向后资本主义所暗示的基于富足的社会（Bastani，2019；Mason，2015）。如果我们想要迈向一个社会公平的社会，一个我们得以阐释人类本质的社会，那我们就需要采用一种面向社会转型的政治方案，并且超越革命改良主义的渐进主义政治。在这场斗争中，我们应该将第四次工业革命所提供的承担性推向极限，超越世界经济论坛夸大其词，因为那些不过是资本主义的空口承诺，无法实现，是一种怀柔政治罢了。

致谢

本章部分来自本人论文，见"Socio–technical imaginary of the fourth industrial revolution and its implications for vocational education and training:

a literature review"，刊于《职业教育与培训》(*Journal of Vocational Education & Training*)，2018 年第 70 卷第 3 期，第 337—363 页，详见 https://doi.org/10.1080/13636820.2018.1498907。

注释

［1］联合国可持续发展目标：

目标 1：在全世界消除一切形式的贫困；

目标 2：消除饥饿，实现粮食安全，改善营养状况和促进可持续农业；

目标 3：确保健康的生活方式，促进各年龄段人群的福祉；

目标 4：确保公平和包容的教育，让全民终身享有学习机会；

目标 5：实现性别平等，为所有妇女、女童赋权；

目标 6：人人享有清洁饮水及用水是我们所希望生活的世界的一个重要组成部分；

目标 7：确保人人获得可负担、可靠和可持续的现代能源；

目标 8：促进持久、包容、可持续的经济增长，实现充分和生产性就业，确保人人有体面的工作；

目标 9：建设有风险抵御能力的基础设施，促进包容的可持续工业，并推动创新；

目标 10：减少国家内部和国家之间的不平等；

目标 11：建设包容、安全、有风险抵御能力和可持续的城市及人类居住区；

目标 12：确保可持续消费和生产模式；

目标 13：采取紧急行动应对气候变化及其影响；

目标 14：保护和可持续利用海洋及海洋资源以促进可持续发展国；

目标 15：保护、恢复和促进可持续利用陆地生态系统、可持续森林管理、防治荒漠化、制止和扭转土地退化现象、遏止生物多样性的丧失；

　　目标16：促进有利于可持续发展的和平和包容的社会，为所有人提供诉诸司法的机会，在各层级建立有效、负责和包容的机构；

　　目标17：加强执行手段、重振可持续发展全球伙伴关系（UN，2015：18）。

参考文献

Adam, B., and C. Groves. 2007. *Future Matters: Action, Knowledge, Ethics*. London: Brill.

Alhammadi, Y., E. Brynjolfsson, F. MacCrory, and G. Westerman. 2014. Racing with and against the Machine: Changes in Occupational Skill Composition in an Era of Rapid Technological Advance, In *Thirty Fifth International Conference on Information Systems*, Auckland 2014 1–17.

Althusser, L. 1972. Ideology and Ideological State Apparatuses. In *Education: Structure Society*, ed. B. Cosin. Harmondsworth: Penguin.

Anderson, B. 1983. *Imagined Communities*. London: Verso.

Anderson, D. 2009. Productivism and Ecologism: Changing Dis/courses in TVET. In *Work, Learning and Sustainable Development*, ed. J. Fien, R. Maclean, and Man-Gon Park, 35–57. Dordrecht: Springer.

Appadurai, A. 1996. *Modernity at Large*. Minneapolis: University of Minnesota Press.

Autor, D. 2015. Why are There Still so Many Jobs? the History and Future of Workplace Automation. *The Journal of Economic Perspectives* 29 (3): 3–30. https://doi.org/10.1257/jep.29.3.3.

Avent, R. 2017. *The Wealth of Humans*. London: Penguin.

Avis, J. 1981. Social and Technical Relations: The Case of FE. *British*

Journal of Sociology of Education 2 (2): 145–161.

———. 2018. Socio-technical Imaginary of the Fourth Industrial Revolution and its Implications for Vocational Education and Training: A Literature Review. *Journal of Vocational Education & Training* 70 (3): 337–363. https:// doi.org/10.1080/13636820.2018.1498907.

Azevêdo, R. 2017. General Council: Appointment of the Director-General, speech, February 28. https://www.wto.org/english/news_e/spra_e/spra158_e.htm

———. 2018. Strength and Flexibility Are Essential for an Effective Trading System, Speech April 3. https://www.wto.org/english/news_e/spra_e/spra217_e.htm

Bastani, A. 2019. *Fully Automated Luxury Communism*. London: Verso.

Blanchflower, D. 2019. *Not Working: Where Have All the Good Jobs Gone?* Princeton: Princeton University Press.

Bloem, J., M. Van Doorn, S. Duivestein, D. Excoffier, R. Maas, and E. Van Ommeren. 2014. The Fourth Industrial Revolution Things to Tighten the Link between IT and OT, VINT Research Report 3. https://www.sogeti.com/ explore/reports/vint-research-3-things—the-fourthindustrial-revolution/.

Carney, M. 2014. Inclusive Capitalism: Creating a Sense of the Systemic. Speech at the Conference on Inclusive Capitalism, May 27. Accessed May 29, 2014. www.bankofengland.co.uk/publications/Documents/speeches/2014/ speech731.pdf.

Chollet, F. 2017. The Impossibility of Intelligence Explosion, Medium. https:// medium.com/@francois.chollet/the-impossibility-of-intelligence-explosion- 5be4a9eda6ec.

Citi GPS: Global Perspectives & Solutions. 2016. *Technology at Work V2.0: The Future Is Not What It Used to Be*. https://www.oxfordmartin.ox.ac.uk/ publi cations/view/2092

Cohen, P. 1972. Sub-cultural Conflict and Working Class Community, Issue 2 of Working Papers in Cultural Studies, Centre for Contemporary Cultural Studies, University of Birmingham.

Cohen, P. 1997. *Rethinking the Youth Question*. London: Macmillan.

Dolphin, T., ed. 2015. *Technology, Globalisation and the Future of Work in Europe: Essays on Employment in A Digitised Economy*. London: IPPR. https://www.ippr.org/publications/technology-globalisation-and-the-future-of-work-in-europe

Dyer-Witheford, N., A.M. Kjøsen, and J. Steinhoff. 2019. *Inhuman Power*. London: Pluto.

European Commission. 2016. Communication from the Commission to the European Parliament, the Council, the European Economic and Social Committee and the Committee of the Regions: A New Skills Agenda For Europe. https://ec.europa.eu/transparency/regdoc/rep/1/2016/EN/1-2016-381-EN-F1-1.PDF.

Fisher, M. 2010. *Capitalist Realism, Is there No Alternative*. London: Zero.

Fleming, P. 2017. *The Death of Homo Economicus*. London: Pluto.

Forster, T., A. Kentikelenis, B. Reinsberg, B. Stubbs, and L. King. 2019. How Structural Adjustment Programs Affect Inequality: A Disaggregated Analysis of IMF Conditionality, 1980–2014. *Social Science Research* 80: 83–113.

Fraser, N. 2019. *The Old is Dying and the New Cannot Be Born*. London: Verso.

Fraser, N., and R. Jaeggi. 2018. *Capitalism: A Conversation in Critical Theory*. Cambridge: Polity.

Global Commission on the Future of Work. 2019. *Work for a Brighter Future*. Geneva: ILO.

Goodhart, C., and M. Pradhan. 2017. Demographics Will Reverse Three Multi- Decade Global Trends. BIS Working Papers, No 656, Bank of International Settlements.

Goos, M., and A. Manning. 2007. Lousy and Lovely Jobs: The Rising Polarization of Work in Britain. *The Review of Economics and Statistics* 89 (1): 118–133. https://doi.org/10.1162/rest.89.1.118.

Goos, M., A. Manning, and A. Salomons. 2014. Explaining Job Polarization. *The American Economic Review* 104 (8): 2509–2526. https://doi.org/10.1162/rest.89.1.118.

Hajkowicz, S., A. Reeson, L. Rudd, A. Bratanova, L. Hodgers, C. Mason, and N. Boughen. 2016. *Tomorrow's Digitally Enabled Workforce: Megatrends and Scenarios for Jobs and Employment in Australia over the Coming Twenty Years*. https://publications.csiro.au/rpr/pub?pid=csiro:EP161054&

Harvey, D. 2014. *Seventeen Contradictions and the End of Capitalism*. London: Profile.

Hickel, J. 2015. Five Reasons to Think Twice about the Unsustainable Development Goals. https://blogs.lse.ac.uk/africaatlse/2015/09/23/ five-reasons-to-think-twice-about-the-uns-sustainable-development-goals/

ILO. 2017. Inception Report for the Global Commission on the Future of Work. Geneva, International Labour Office. https://www.ilo.org/wcmsp5/ groups/public/---dgreports/---cabinet/documents/publication/wcms_591502.pdf.

Jasanoff, S. 2015. Future Imperfect: Science, Technology and the Imaginations of Modernity. In *Dreamscapes of Modernity*, ed. S. Jasanoff and S.-H. Kim, 1–33. Chicago: Chicago, University Press.

Jasanoff, S., and S.-H. Kim, eds. 2015. *Dreamscapes of Modernity, Chicago*. Chicago: University Press.

Joyce, R., and X. Xu. 2019. *Inequalities in the Twenty-first century: Introducing the IFS Deaton Review*. London the Institute for Fiscal Studies.

Kenworth, L. 2004. *Egalitarian Capitalism*. New York: Russell Sage Foundation.

Lagarde, C. 2014. Economic Inclusion and Financial Integrity. Address to the Conference on Inclusive Capitalism, London, May 27. Retrieved from www. imf.org/external/np/speeches/2014/052714.htm on 29 May 2014.

Lordon, F. 2014. *Willing Slaves of Capital*. London: Verso.

Mason, P. 2015. *Postcapitalism*. London: Allen Lane.

———. 2019. *Clear Bright Future*. London: Allen lane.

McAfee, A. 2019. *More from Less*. London: Simon and Schuster.

McGrath, S., and L. Powell. 2016. Skills for Sustainable Development: Transforming Vocational Education and Training beyond 2015. *International Journal of Educational Development* 50 (2016): 12–19.

Means. 2018. *Learning to Save the Future*. London: Routledge.

MGI. 2017. *A Future that Works: Automation, Employment, and Productivity.* https://www.mckinsey.com/~/media/McKinsey/Global%20Themes/ Digital%20Disruption/Harnessing%20automation%20for%20a%20 future%20that%20works/MGI-A-future-that-works-Executive- summary.ashx

Miliband, R. 1973. *The State in Capitalist Societies*. London: Quartet.

Miller, C.A. 2015. Globalizing Security. Science and the Transformation of Contemporary Political Imagination. In *Dreamscapes of Modernity*, ed. S. Jasanoff and S.-H. Kim, 277–299. Chicago: Chicago, University Press.

Morozov, E. 2013. *To Save Everything Click Here*. London: Penguin.

OECD. 2012. Environmental Outlook to 2050: The Consequences of Inaction— Key Facts and Figures.https://www.oecd.org/env/indicatorsmodelling- outlooks/oecdenvironmentaloutlookto2050theconsequencesofinaction- keyfactsandfigures.htm

Oschinski, M., and R. Wyonch. 2017. Future Shock? *the Impact of Automation on Canada's Labour Market*, C D Howe Institute Commentary Number 472. https://www.cdhowe.org/public-policy-research/future-shock-impact- automation-canadas-labour-market

Pew Research Center. 2017. *The Future of Jobs and Jobs Training*. http:// www. pewinternet.org/2017/05/03/the-future-of-jobs-and-jobs-training/

Pfeiffer, S. 2017. The Vision of 'Industrie 4.0' In the Making—a Case of Future Told, Tamed, and Traded. *Nanoethics*11: 107–121. https://doi.org/10.1007/s11569-016-0280-3.

Poulantzas, N. 1978. *State, Power, Socialism*. London: New Left Books.

Rajan, R. 2019. *The Third Pillar*. London: William Collins.

Said, E. 2003. *Orientalism*. Harmondsworth: Penguin.

Srnicek, N. 2017. *Platform Capitalism*. Cambridge: Polity.

Standing, G. 2016. *The Corruption of Capitalism*. London: Biteback.

Stiglitz, J. 2019. *People, Power and Profits*. Princeton: Princeton University Press.

Swain, R. 2018. A Critical Analysis of the Sustainable Development Goals. In *Handbook of Sustainability Science and Research*, ed. W. Filho, M. Mifsud, and P. Pace, 341–356. Dordrecht: Springer.

Taylor, C. 2002. Modern Social Imaginaries. *Public Culture* 14 (1): 91–124.

———. 2004. *Modern Social Imaginaries*. Durham: Duke University Press.

UN. 2015. Transforming Our World: The 2030 Agenda for Sustainable Development A/RES/70/1. https://www.un.org/ga/search/view_doc.asp?symbol=A/RES/70/1&Lang=E

UNESCO. 2016. *Strategy for Technical and Vocational Education and Training (TVET), (2016–2021)*. Paris: UNESCO. https://unesdoc.unesco.org/ark:/48223/pf0000245239.

Watkins, J. 2015. Spatial Imaginaries Research in Geography. *Geography Compass* 9 (9): 508–522.

WEF. 2016. *White Paper What are the 10 Biggest Global Challenges?* https://www.weforum.org/agenda/2016/01/what-are-the-10-biggest-global-challenges/

——— in Collaboration with the Boston Consultancy Group. 2018a. *White Paper Eight Futures of Work Scenarios and their Implications*. http://www3.weforum.org/docs/WEF_FOW_Eight_Futures.pdf

————. 2018b. White Paper, Driving the Sustainability of Production Systems with Fourth Industrial Revolution Innovation. http://www3.weforum. org/docs/WEF_39558_White_Paper_Driving_the_Sustainability_of_ Production_Systems_4IR.pdf

————. 2019a. White Paper Fourth Industrial Revolution Beacons of Technology and Innovation in Manufacturing. http://www3.weforum.org/docs/ WEF_4IR_Beacons_of_Technology_and_Innovation_in_ Manufacturing_ report_2019.pdf

————. 2019b. White Paper Shaping the Sustainability of Production Systems: Fourth Industrial Revolution Technologies for Competitiveness and Sustainable Growth. https://www.weforum.org/whitepapers/shaping-the-sustainability-of-production-systems-fourth-industrial-revolution-technologies-for-competitiveness-and-sustainable-growth

West, D. 2018. *The Future of Work*. Washington: Brookings Institution Press.

World Bank. 2019. *World Development Report 2019: The Future of Work*. https:// www.worldbank.org/en/publication/wdr2019

Zancajo, A., and O. Valiente. 2019. TVET Policy Reforms in Chile 2006–2018: between Human Capital and the Right to Education. *Journal of Vocational Education & Training* 71 (4): 579–599. https://doi.org/10.1080/1363682 0.2018.1548500.

第三章 机器人化、人工智能、就业与第四次工业革命

摘要

许多研究者认为，机器人化将对就业产生重大影响，常规体力工作将被取代，导致技术性失业。与此相反，有人通过历史上的例子说明上述观点是谬论。本章对这些观点进行批判，因为它们脱离了欧洲和美国两地的贫困地区劳动者的生活经验。要理解这些，有必要讨论资本主义劳动过程、阶级斗争和食利者资本主义，以及它们如何与阶级、种族、性别结合且彼此交叉。此外，还要联系中低收入经济体的社会经济状况。最后，本章将总结这些讨论对职业教育和培训的启示。

关键词

第四次工业革命；机器人化；人工智能；劳动力市场；食利者资本主义

引言

本章基于大量文献，讨论机器人化、人工智能、劳动力市场和劳动过程的关系，思考这些进程如何影响南北半球。在讨论交锋观点时，本

章将联系食利者资本主义的重要性、阶级、种族、性别的表达，以及它们对职业教育培训（VET）的影响。本章在引言部分探讨构设第四次工业革命的不同路径。

路径

在第一章绪论部分，我描述了一条工业革命从第一次到第四次的特定轨迹。第一次工业革命跟蒸汽动力、机器生产和铁路的发展有关；第二次工业革命的突出特点是大规模生产以及电气化的发展；第三次工业革命的特征是个人电脑、数字化和互联网的出现，而第四次工业革命是将这些特征深化。

然而，这不过是众多轨迹的一种，还有很多其轨迹，比如布林约尔弗森和麦卡菲（Brynjolfsson and McAfee，2014）描述了从第一个机器时代向第二个机器时代的转变，其他研究者则讨论了与资本主义形式相关的轨迹，从工业资本主义转向了晚期、认知的和（或）非物质的资本主义（Boutang，2011；Gorz，2010）。

然而，戴尔－威特福特等人（Dyer–Witheford et al.，2019：51）提出了从工业资本主义到控制论资本主义的转变，这种转变包含了后福特主义向人工智能资本主义的转变，而这"切实存在于当下"，预示着人工智能资本主义作为普遍的生产条件以及认知方式的全面发展（Dyer–Witheford et al.，2019：Chapter 2）。戴尔－威特福特人的这些观点是想说，人工智能可能会像电力和运输系统一样，成为普遍的生产基础设施。因此，人工智能将成为全体资本家可用的认知手段。

从一个准马克思立场出发，恩格斯托姆（Engeström，2010：191）的历史生产方式模型发展了维克多和博因顿（Victor and Boynton，1998：233）的理论。在这一模型里，手工生产转向了大规模生产、精益生产、大规模定制、协同配置，最终转向了社会化生产。社会化生产先于生产资料的社会化。

恩格斯托姆（Engeström，2010）的模型描述了向社会化生产的转变，而在阿德勒（Adler）的经典马克思主义中，这个转变展现了生产力和生产关系这对矛盾造成的结果，正是这个矛盾预示了社会变革（Adler，2006；Adler and Heckscher，2006；另见 Avis，2016：66—69）。此外，阿德勒讨论了组织范式向网络进化，从而跨越了内部和外部的边界（Bodrožic and Adler，2018：8）。

这不仅反映了恩格斯托姆关于协同配置的概念（Engeström，2010），还体现了第四次工业革命相关科技所促进的扁平化和网络化关系。物联网和云服务提供了可以催生新组织形式的承担性。皮尤研究中心（Pew Research Center）[1]咨询专家贝尼奥利尔（Benoliel）评论道，"机器人将可以激发创造新环境，但新环境会扰乱我们习以为常的集中式组织工作方式，导致出现新型扁平化组织"（Pew Research Center，2014：58）。

对波德罗奇和阿德勒（Bodrožic and Adler，2018：8）而言，网络是一种组织范式，用以连接和合理化"跨越内部和外部边界的环节"。在这种情况下，企业不仅可以访问其他组织，还能获取其他专业资源（Bodrožic and Adler，2018：30），而之前的社团主义范式（corporativist paradigm）反映的是"多部门的大规模生产企业，它有战略性整合，其运作只限于（组织）部门内部进行"（Bodrožic and Adler，2018：7）。每一种组织范式都试图克服早期范式遭遇的困难，但却反过来催生了自己的矛盾，转向以"生产社会化"为目标，这预示着后资本主义的发展。

以上讨论与巴斯蒂安（Bastian）的观点产生了共鸣（Bastian，2019；另见 Avis，2020a：3—4）。与之前的多种轨迹观点相比，巴斯蒂安的观点考虑了更宽广的历史层面。他讨论了三次断裂，每一次断裂都导致了社会转型、社会关系以及人类意义的建构。对巴斯蒂安来说，第四次工业革命属于第三次断裂。第一次断裂是指从游牧生存向围绕农业而组织的更稳定的生活转换。

第二次断裂指第一次工业革命，也就是布林约尔弗森和麦卡菲（Brynjolfsson and McAfee，2011）所说的第一个机器时代，它再次重塑了人类的本质。第三次断裂，或者用布林约尔弗森和麦卡菲（Brynjolfsson and McAfee，2014）的术语"第二个机器时代"来说，预言了第四次工业革命，预示着这样一种可能性：富足社会可以超越稀缺，而稀缺是先前社会的特征，也是资本主义的基础。这预示后资本主义和后生产力主义社会形态的可能性（Anderson，2009；Mason，2015）。

这些轨迹的共同点是，它们寻求发展一种理解，理解有哪些变化影响着广泛社会以及雇佣关系和组织关系。它们指向所谓倾向性过程，同时认可资本无止境发掘新机会以积累资本、获得适当价值，换言之，认可"赚钱"（Harvey，2014）。这些模型颇具启发性，但不应该认为它们必须预示着某种突然的断绝或破裂，因为还需要承认发展不平衡，承认不同社会形态的各种生产方式的存在，尽管其中一种可能占据着主导地位。

在某些方面，社会化生产提供的承担性和数字化相结合，呼应着对手工生产的重新想象，使得组织和广阔的专业资源之间的界限更容易渗透。这些各式各样的轨迹以各自不同的方式在形成社会技术想象的过程中发挥作用，然后在反霸权斗争中被动员激活（见 Streeck，2016；Wallerstein et al.，2013）。

这样的立场在阿德勒（Adler，2006）的经典马克思主义及其"生产的社会化"的概念中更为明显，不遑多让的是恩格斯托姆（Engeström，2010）关于社会化生产的概念提供了进步的可能性。这些概念已经在巴斯塔尼认为的第三次断裂中得到预示。但是，这些可能性不应该以决定论或进化的角度理解，而应该联系劳资力量平衡，换句话说，就是联系阶级斗争的结果。

相似的观点可见于对后资本主义和反资本主义的分析中，这些分析也同样传递出后稀缺社会形态的可能性（Anderson，2009；Mason，2015，2019；Bastani，2019；另见本书第四章）。重点是，这些重要的著作与世界经济论坛、商业咨询公司和各种超国家组织的讨论比较接近，它们的讨论都围绕着第四次工业革命提供的承担性，但同时也注意到了可能出现的混乱。

至少有两点需要说明。首先，第四次工业革命的概念受到了质疑，其中一些概念谋求主导地位。其次，讨论中有某种技术决定论的倾向，即社会如果顾及全体的福祉，就需要遵循一条不可避免的轨迹。

这种倾向可见于第四次工业革命具体化的叙述之中，这些叙述将第四次工业革命当作社会事实，而不是意识形态或想象性建构。但与此同时，我们必须承认，关于第四次工业革命的这些建构有实质性结果，是阶级斗争可以借用的资源。

机器人化

无数的文章和书籍已经提出，机器人化的发展会对就业产生深远影响，将取代常规体力劳动（Brynjolfsson and McAfee，2011，2014；Ford，2016；Peters，2017）。在一篇被广泛引用的文章中，弗雷和奥斯本（Frey and Osborne，2013：21，22）引用麦肯锡全球研究所（McKinsey Global Institute，简称MGI）的一份技术报告，写道：

> 据麦肯锡全球研究所（MGI，2013）估计，复杂算法将可以在全球范围内替代近1.4亿全职知识型员工。趋势很明确：在众多认知型任务中，计算机对人类的挑战越来越严峻。

据称，这些趋势将会导致技术性失业，而且会随着人工智能的发展、大数据和物联网的应用而恶化。

在后面这种情况下，互联传感器不仅装置在某个特定工厂，而且遍及整个供应链，它们在无需人工干预的情况下自动决定生产水平。这就是"智慧"工厂的"幽灵"，全自动系统通过互联网传输数据，不需要雇佣劳动。对此至少要提出两点。首先，许多研究者畏惧技术进步，认为它影响就业，这样的担忧并不新鲜，马克思（Marx，1976［1867］）、布雷夫曼（Braverman，1974）和许多其他研究者（Anslow，2016）早有阐述。重要的是，我们需要承认，技术从不中立，而是和各种社会关系纠缠在一起（Mishel and Shierholz，2017）。我们可以回想到卢德主义者（Bregman，2016：75，87–90；Sale，1996）、凯恩斯（Keynes，

2009）在 20 世纪 30 年代的干预和 20 世纪 50、60 年代对自动化和就业的忧虑（Autor，2015：3；Mokyr et al.，2015），这些忧虑已经被证明是谬误（Teixeira，2017）。第二，巴克斯特（Baxter et al.，2012）和菲佛（Pfeiffer，2014，2016）已经凭借经验提出，需要熟练工人来监管和检修先进制造业以及其他自动化过程（见 Saniter and Howe，2017），比如驾驶飞机、监控化学工厂或核工厂。以前，熟练工人操作机器，现在他们通过传感器连为一体，因而将对工作有特殊理解。

用森内特（Sennett，2009）的术语来说，这些劳动者将会获得默认的知识，拥有关于生产过程的物质意识。凭着直觉，他们可以从机器的声音、振动等判断对错，进而做出必要的调整。对熟练的汽车技师而言，情况也非常相似，相比起依靠计算机传感器，他们更喜欢倾听引擎的声音。

随着自动化不断发展，越来越普及到互相连接的领域，工人渐渐远离机器操作工作，转而从事机器监控，技能水平不是降低，而是随着生产过程的复杂性一起提高。一个工人可以兼顾许多互联的机器，而以前，工人和机器是一对一的关系。为了排除故障，工人要对生产有复杂的理解。巴克斯特（Baxter et al.，2012：66）提醒我们，自动化的讽刺之处在于，如果一个系统频繁崩溃，操作者就会熟练地程式化地应对这些问题。但是，如果一个系统几乎不触发警报，就要求更高水平的培训，以确保操作者能够应对得当。与此同时，还有一种危险，就是极度无聊会导致麻木不仁，也即保尔森（Paulsen，2014）所描述"空心劳动"的特征之一，而人工智能的进步有可能加剧这种情况。这尤其适用于那些对工作有强烈责任感，却发现自己实际没有什么事情做的劳动者。同样重要的是，不夸大人工智能的影响。乔莱特（Chollet，2017）提醒我们，智能的产生是社会性的，因此比单纯的计算能力更为精妙复杂。

劳动力市场

有必要承认的一点是，虽然第四次工业革命是意识形态和想象建构，但围绕它的技术——数字化、机器人化、人工智能、物联网、云服务等，将会对劳动力市场、劳动过程，当然还有技术和职业教育培训（technical and vocational education and training，简称 TVET）产生影响。但是，这些实质性的结果完全是社会性的，塑造这些结果的因素有劳资力量平衡、资本的主导形式、地理位置和特定组织的具体的竞争战略。

有大量研究探讨就业、自动化和数字化水平之间的关系，而其中许多文献都在讲技术性失业的增长（Avent，2017；Livingston，2016；Rifkin，1995，2014；Ross，2016：35–43）。劳动经济学家则采取了一个更为审慎的立场，他们质疑技术性失业的假设。古思和曼宁（Goos and Manning，2007）认为，自 1975 年，英国劳动力市场就已经出现了就业两极化，收入最高和最低职业的就业人数都不断增加。奥特尔等人（Autor et al.，2006）针对美国就业两极化提出了相似的观点。基于收集到的欧洲 16 个国家从 1993 年至 2003 年间的数据，古思和曼宁认为这也是欧洲劳动力市场的特征（Goos et al.，2014）。

但是，在对欧洲就业两极化的分析中，西里洛（Cirillo，2018）提供了一个更细致入微的方法。她认为，就业两极化受到经济部门、社会和空间位置的影响，这在英国最为明显。就业两极化是就业结构空心化的结果，也是非常规服务水平工作重要性的结果。在奥特尔（Autor）研究的基础上，古思、曼宁和萨洛蒙斯（Salomons）指出，分析如果基于"偏重技能的技术变革"，就只会让我们止步于解释这些倾向，而这些观点需要结合奥特尔等人（Autor et al.，2003）提出的所谓"常规化"理论。

奥特尔在 2015 年撰文指出，有两类难以计算机化的任务：第一类是以解决问题、直觉、创意和说服为特征的任务；第二类是涉及情景适应性和人际交往等职业特征的非常规任务，例如：

> 备餐送餐，清洁，门卫，场地清理和维护，居家健康护理，安保服务等众多工作……按照美国劳动力市场的标准，这些工作的技能要求并不高，但对自动化有巨大挑战（Autor，2015：12）。

就业两极化的过程也与它们所处的特定劳动力市场的特殊性有关。有两点要提出。例如，对收入结构位置较高的劳动者的需求增加，对特定类型的服务性工作，比如门卫、清洁工等的需求也会随之增加。后者虽然依旧工资低下，但是相比起其他位置相似的低收入劳动者，收入却有所增长。我们可以比较美国"锈带"和纽约劳动力市场的特征，后者需求服务工人，但前者对此需求不多。此外，许多中等水平的工作都有常规特征，这使得它们易于计算机化，进而导致职业结构空心化。

很多论争都是关于就业两极化和就业替代过程问题，我们需要注意它们的细微之处，借此评估哪些低收入或中等水平的职业会受到这些过程的影响。低收入服务工人的重要性已经探讨过了，相似的观点也同样适用于中等水平职业。

霍尔泽（Holzer，2015）认为，许多经济学家都强调数字技术导致了中等技能工作的流失，但他表示反对，提出这个观点只适用于一些而非全部工作（见 Susskind and Susskind，2016）。有些"中等技能"工作需要高等教育，比如医疗保健、机械维护与维修，这些工作并不易于自动化。此外，雇主发现某些岗位很难招到员工，这可能部分是由于这些工作工资相对较低，而且雇主不愿意涨工资，因为担心成本上升会削弱他们的竞争力。奥特尔（Autor，2015：26）推测：

> 就业两极化不会永远持续下去（此观点可见于 Autor，2013）。虽然当下许多中等技能工作的部分任务容易受到自动化的影响，但许多中等技能工作将继续需要处理跨技能范围的各种任务。比如，医疗支援职业，例如放射技师、抽血技师、护理技师等，是一个重要而且正快速增长的中等技能工作，且报酬相对丰厚。

在数字化和机器人化对常规工作的影响下，中等水平职位呈现出空心化，这和技术性失业的增长密不可分。但是，许多劳动经济学家质疑这种说法的真实性。为了夯实自己的说法，他们研究了上至卢德主义者下至当今的就业史。

霍尔丹（Haldane，2015：7）提到了"固定劳动总量"（lump of labour）谬论，即技术变革导致失业水平提高（相似的观点见于Atkinson and Wu，2017）。他（Haldane，2015）认为，技术替代劳动力的后果之一是，商品和服务变得便宜，刺激商品和服务需求，进而刺激提供商品和服务的新产业的需求，最终促进就业。他承认，一方面技术替代导致工作岗位流失，另一方面生产新商品和服务又导致了一个促进就业增长的补偿性过程，而两者之间的平衡是一个经验问题。然而，他认为，自1750年以来，发展方向一直与技术性失业相反。他指出（Haldane，2015：9）：

> 纵观历史，基本没有证据证明技术破坏了工作，反倒有众多证据证明技术提高了工资。技术使劳动者变得富裕，而非贫困。米尔（Mill）是对的，里卡多（Ricardo）错了。劳动不是干柴，任人瓜分。劳动是一棵树，树干和树枝随着时间而变长、变粗。"劳动总量固定"的谬论就是那样。

董事协会（Institute of Directors）也持有这样的立场。尽管技术创新可以破坏劳动力市场，但因为新创造的工作比流失的工作多，所以技术引发大规模失业的主张就被置于脑后（Nevin，2016：9）。米舍尔和比文斯（Mishel and Bivens，2017）根据阿齐墨鲁和雷斯特雷波（Acemoglu and Restrepo，2017）对美国经济的分析也支持这样的立场。类似地，迪特里希（Dittrich）在其文章的脚注（Dittrich，2016：6，footnote 18）中挑战了自动化将导致待遇丰厚的中等职位工作大量流失这一观点，他的证据是针对德国公司所做的一项调查，调查发现雇主计划增加雇员，而非裁减岗位（Seeverband der Bayerischen Metall- und Elektro-Arbeitsgeber，2016）。

在许多方面，前面的论点是有说服力的。技术悲观主义者的信念似乎受到了乐观主义者的挑战，也就是说，如果我们把带薪工作本身视为一件好事的话。或许我们应该回忆一下弗莱明（Fleming，2017：5）对许多理论和应用经济学的严厉批评，"这些批评驳斥了 99% 的人的日常经历，因为债务、压力和安全问题的反作用可能会拖住我们"。我们可以把弗莱明的评论与英国反复出现、更为乐观的报告相对照，这些报告庆祝了英国就业的增长（Coyle，2017；DWP，2019；McRae，2019）。

但是，还有许多问题需要解决。在历史上，由技术决定的大规模失业并非西方社会形态的永久特征，但这并不必然意味着未来也是如此。奥特尔（Autor，2015：4）写道：

> 很显然，过去两百年的自动化和技术进步并没有淘汰人类劳动：在 20 世纪，妇女离开家庭进入劳动力市场，与此同时，就业和人口的比率也上升了；失业率虽然周期性波动，但长期来看，并没有明显的上涨。但那些担忧自动化和就业的人很快指出，自动化和就业两者在过去的互动方式未必能解决两者将来的问题，特别是计算机能力、人工智能和机器人技术提升极大，它们的出现增加了以前所未有的规模取代劳动者的可能性。没有一个基本经济法则能够保证每个成年人都能仅凭健全的心智和良好的品格就得以谋生。

我们不能不加质疑地看待过去和预测未来。此外，我们需要考虑就业的本质，思考它和资本主义及更广阔的全球经济的关系。重要的是，要考虑这些过程和南北半球中劳动力市场的地理形成之间有何关系。例如，罗德里克（Rodrik，2016：2–3）讨论了中低收入经济体中"过早的去工业化"（premature deindustrialization），其中许多会发生在南半球。他所谓"过早的去工业化"，是指这些社会正在经历的去工业化时间远早于在西方发达经济体的历史常态。因此，这些晚期工业化国家无法建立大规模的制造业部门，在收入水平低于较早进行工业化社会的阶段，就开始了去工业化。此外，发达经济体采用了节省劳动的科技，就有可能实现生产回流，重新捆绑先前分开的工序流程。在某种程度上，这也得益于物联网，因为运用互联网及传感器实现了生产要素的自动化（Livesey，2017；Whittaker，2015：37）。这些过程都跟性别和种族

有关。试想一下，来自南半球的妇女参与到了北半球的护理和服务工作
中。此外，在北半球也发现了种族、阶级和性别议题跟劳动力市场的
联系。

新自由主义对劳动力市场造成了影响，成功之一是它打破了国界，
又强调着地区主义和本土主义的重要性。这一点可见于英格兰南北之
分。从失业率和劳动力市场受限方面来看，英格兰北部劣势更明显，贫
困率更高。值得注意的是，这种地区差距尤其可见于欧洲大陆，其中特
别以东德和西德的差距为典型（Roberts，2016；Solow，2008）。社会
地理学家马丁和莫里森（Martin and Morrison，2003；另见 Avis，2018）
让我们注意到劳动力市场的空间性和建构性本质以及它们的疏漏性
（porosity）。希尔德瑞克等人（Shildrick et al.，2012）认为英国北部本
土劳动力市场以低薪零散工作为主，或者彻底没工作，但与此同时，可
能有其他人获得全球劳动力市场的高技能或高薪工作。全球和本地两种
劳动力市场可能在某些意义上重叠，但也不断建构和变化（Martin and
Morrison，2003）。

这意味着，在一个社会形态中，有的区域是充分就业和假定的技能
之间存在差距或不匹配，有的地域或地区则存在多方面劣势且体面岗位
不足（Keep and James，2012；Orr，2016）。这样的进程不仅与阶级相
关，而且与性别和种族相关，同时也成为斗争的一个场所。在南半球，
相似的情况可以对应到布朗等人（Brown et al.，2011：64）所说的"绿
洲计划"（oasis operations），即高科技设施可以规划在"低规格"社区
中，但是对当地劳动力市场影响甚微。

承认交叉性也很重要。这是阶级、种族、性别等相互表达的途径，
也是它们在特定社会形态被调停的方式。比方说，在瑞典、英格兰和南
非，对性别、阶级和种族关系的强调会有轻重之分，而且重要的是，分
析时要认识到这一点。与此同时，我们必须要承认，和第四次工业革命
相关的技术成为企业竞争战略的一部分。如果雇佣劳动的成本比代之以
机器的成本要低，那前者就会成为首选，即使其效率更低、技术水平更
落后。

食利者资本主义

工人主义的分析已经表明，从福特主义向后福特主义的转变是资本对阶级斗争的反应，是资本对劳动者的拒绝。洛特兰尔（Lotringer，2004：11）写道："正是意大利工人顽强不屈地抵抗福特主义工作流程优化……才迫使资本跃向非物质劳动的后福特主义时代。"不管这个关于知识经济的非物质观点准确与否，也不管这个观点是否谬于忽视支撑知识经济的物质性，我们不妨想一下支撑互联网、超级冷却服务器、电缆等物质性基础设施（Mould，2018：135）。

工人主义的观点还涉及了剩余价值和利润的积累方式，其中有两个关键点需要说明。首先是，当"生活的一切都被投入到工作中"时，剩余价值如何产生。可以想一下，我们如何参与互联网活动，网络平台又如何通过出售数据、获取广告费来保证其收入的形式。在这种情况下，我们的休闲活动为谷歌等网络平台创造了价值。其次，在当下，虽然寻租成了创造利润的重要方式，但也日益受到批判。近几年，在北半球的许多社会形态中，金融化和食利者资本主义越来越不可忽视，尤以英语社会为典型。由此产生了数个后果，其中关键的是权力从劳动力向资本转移。食利者资本主义的目标是创造利润，同时避免参与生产——追求原始积累。换言之，金钱被用来创造金钱，也就是说，有"钱生钱"之益而无投资生产资料之累，其后果是最终导致利率下降和盈利危机。

沃尔夫（Wolf，2019）是资本主义的辩护者，在反思食利者资本主义的失败时，他写道：

> 我们需要充满活力的资本主义经济，让每个人都有理由相信人人都能分一杯羹。然而，我们所拥有的越来越像是一个不稳定的食利者资本主义、竞争减弱、生产力增长乏力、高度不平等，以及与此一脉相承的日益退化的民主。解决这一问题对我们所有人都是一个挑战，对经营世界上最重要企业的人更是如此。我们的经济和政治制度的运作方式必须做出改变，否则将会灭亡。

正如前文对新自由主义局限性的讨论，人们越来越认识到，要维系资本主义，就要对其当前的资本主义形式做出修正。这引发了关于职业教育与培训的一系列问题，其中包括灵活性、适应性，或许最重要的是失业以及与之相关的被排除在雇佣劳动之外的问题。霍洛威（Holloway，2019：230）认为，呼吁更多、更好以及更少异化的雇佣劳动，只会将我们封锁在资本主义制度中。这一观点得到了克里夫（Cleaver，2017：13）的回应，他指出，"把反对工作作为核心，是对（资本主义）机器最根本的威胁"。这一观点可以从几方面展开。可以说，职业教育与培训与资本主义纠缠不清，以至于它最终成为一股保守力量。奥尔曼（Allman et al.，2003：149–150）呼应了这一立场，认为：

> 教育（或许可以加上 VET）在资本关系的延续中扮演了关键角色；这是资本主义教育不为人知的阴暗面。这是在当前资本主义社会中，教育展现出一种怪诞、变态的形式的原因之一。它像链条，把我们的灵魂和资本主义捆绑在一起。

但是，还可以展开一种与此不同的、更细致入微的阐释。这种阐释在承认 VET 和资本主义关系纠缠不清的同时，也考虑到 VET 提供了激进的承担性，强调环境中的矛盾和对立。如此一来，我们应该如何思考身处充满不确定性和失业大环境下的 VET，以此为社会转型做好准备？这将呼吁一个基于权利的、后生产力主义的 VET 概念，而这个概念将社会公正社会形态的发展为基础（Anderson，2009；McGrath and Powell，2016）。

职业教育与培训

虽然第四次工业革命是一种话语建构，但却指向了社会经济和技术变革已然影响了劳动力市场，以及自然而然地影响了 VET。值得重申的是，技术从不是无辜的，它总是镶嵌在社会和经济关系中。类似的说法也适用于教育和 VET，二者都处于南北半球的特定背景中。在这样的背景里，资本主义的利益占据着霸权地位，但也对各方争执持开放态度。因此，所有对 VET 的讨论都像双面神雅努斯一样，同时面对着矛盾的双方。知识形式在集体中得以发展，技能因为参与实践社群而受到磨炼，这些知识形式和技能不但打开，也同时封闭了对资本主义社会工作的本质以及潜在的超越的更广阔和特定的理解。个体和集体的职业或专业认同或许可以提供一种资源，用以批评劳动过程和雇主的做法，但也可能会强调对雇主的责任。VET 所处的社会经济、国家、地区和全球背景不同，导致它居于不同水平，可能会导致教育及培训的概念变狭隘或宽泛。

我们可以想一下，美国、澳大利亚、英国等英语社会如何使用"能力"（competence）这一概念，与德国及大部分欧洲大陆国家对能力的理解方式形成鲜明对比。温齐（Winch）认为，和前者相比，德国关于"本领"（kompetenzen）一词的理解比英语国家对"能力"的理解更宽泛。

（本领）不只是一套技能，而是一个统一的能力概念，包括计划、控制、协调、自我监测及评估，还有在需要特定技能的多样任务中的表现。它也包括理解职业行为更广泛的经济和公共影响的能力。（Winch，2012：179）

值得注意的是，这个概念包含"理解职业行为更广泛的经济和公共影响的能力"，它超越了英语社会对"能力"狭隘且限制性的定义，提供了一种重要资源，不仅号召实践者承担责任，而且呼吁他们所在的组织和社会有所担当。但与此同时，"本领"的概念依旧囿于一个接受资本主义关系的特定社会经济形态（见 Avis，2010；Wheelahan，2019）。尽管在这样的社会经济形态中，自由主义的过度现象有所缓和。和所有形式的教育实践一样，教学法问题不可避免地出现了。在某种程度上，提出一种适合第四次工业革命的独特的教学法是可笑的。霍金森和詹姆斯（Hodkinson and James，2003：400-401）认为：

> 何谓优质的教和学，不同地方有不同看法。多种因素的相互作用复杂，几乎不可避免地意味着，要识别和考虑所有地方的具体特征。正是这个事实使我们得出了最初两个主要的临时发现：
>
> 1. 将学习理解为文化现象会有颇多益处。
> 2. 在一个学习场所中有效的、获评良好的实践，在另一个学习场所中未必有效或是优良。

这两个结论与目前关于 VET 的霸权话语大相径庭，因为后者基于一个这样的观念：在教学、评估及积累成就的标准化框架内，个体需求能被充分理解，以最有效地因材施教。

霍金森和詹姆斯提醒我们，教学环境的独特性不仅在于一定程度上由教学实践构成的文化位置，还指明了优质教学实践包含的流动性。如果一堂课将学生当作知识的被动接受者，那么这堂课就是"存储式"教育实践的例子。这样的课堂被构建为提供权威叙述的"读者型"文本，但有的课堂则可能体现了师生之间的合作，成为事实上的"作者型"文本，为对话创造空间，不排斥多样阅读（Ball et al.，2011：15）。后者这样的实践将把权威文本当作一个问题，打开质疑的空间，它将吸引学习者开发评估工具。这关涉与学科知识相关的课程辩论。伯恩斯坦（Bernstein，1977：97-98）提醒我们，

> 在教育生涯晚期，科目（学科）的终极奥秘才被揭示。我所说的科目终极奥秘指的是它创造新现实的潜能。还有一种很重要的情况，就是科目终极奥秘并非连贯性，而是非连贯性：是无序而非有序，是未知而非已知。奥秘若非如此……何至于在教育生涯晚期才被揭示？所以只有被选择的少数人才能从骨子里体会以下观念：知识是可以渗透的，其秩序是暂时的，知识的辩证法在于它既已终结，又仍开放。

有几点需要说明。学科知识尽管是暂时的和有争议的，但也带来了认知上的收获。这是因为，学科知识提供了通往概念的路径，帮我们理解自然和社会，这些不是民间智慧能轻易给予的。正因如此，学科为我们提供了有力的知识（Wheelahan，2019；Young，2008）。然而重要的是，我们需要认识到它们是社会建构，具有暂时性。为了做到这一点，我们需要获得适当的评估工具，也就是说，需要评估我们是如何确认这些知识的合理性及正当性。若非如此，我们将无法正确地评估和批判它们。这是分配公平的问题（Wheelahan，2019）。如果零碎地借鉴学科知识，以狭隘地理解 VET，常常无法为学习者提供批判这些知识的手段。在默认情况下，VET 的这种理解方式会导致不完整和受限制的专业标准模型，为特定职业或专业的从业者提供不完整的、受到限制的榜样。

前文所论提出了一些要点。这些讨论的特点是远离职业及专业实践，因为它们过于理性，反映一种转向普通教育的趋势，而不直接涉及工作世界（Guile and Unwin，2019a：5）。因此，这些讨论或许适用于学术教育，却低估了 VET 和实践的关系。但重点是，某些理论概念仍支持着职业及专业实践。这一点变得越发明显，前提是争论从"能力"狭隘局限的概念摆脱出来，转向注重"专业知识"（Guile and Unwin，2019b）。在某种程度上，"专业知识"这一概念回避了一些分析，这些分析试图列出数字时代、知识经济或当前形势所需的技能类型。这是因为，"专业知识"不仅包括了这些技能，而且有所超越，它还蕴含了理论和实践之间的对话关系。专业知识必然包含了对实践的某些理论认识，并与其持续发展相结合。因此，它为学科知识提供了空间，因为学科知识指导实践，实践也反过来指导学科知识，二者互相交织。

技能的概念往往个人化，与人力资本及资质的获取相关联，而资质可以看作是人力资本的证明。但是，专业知识超越了个人，产生于集体参与实践社群的过程。因此，盖尔和昂温（Guile and Unwin，2019b：29）认为，专业知识的特征在于它的"集体性：存在于团队、关系，共同产生，分散于个体"；同时，专业知识也"基于实践：包含个体和集体对技能的磨炼，但并不必然意味着有一个可达到的终极目标……"

专业知识也因势而异，因时而变，持续发展，包含了判断力和"鉴赏力"的运用。年复一年地参加实践社群可以提升专业知识，实践者可以借此近乎直觉般深刻理解所处行业，这就是所谓"鉴赏力"的一种形式。但是，专业知识也会受制于所产生背景的局限和潜能，这一背景可能扩大可能局限——在后一种情况中，为了服务特定的、操演性的利益而构建 VET 就是一个恰当的例子。

当下的情形并非毫无参差，不同经济部门有不同生产方式。不均衡发展的概念捕捉到了其中一些特点，但同时也暗示了一条线性发展轨迹，忽略了在任何特定社会形态中，无论南北半球，迥异的生产方式同时存在。认识到这种共存非常重要，它可能在讨论第四次工业革命和数字化时被忽视或淡化，因为第四次工业革命是经济和社会关系转型的先声。这样的立场表明，其他生产方式已经过时，已经为转型做好了准备。这种描述显然大错特错，我们只需要反思一下各类护理工作，它们关乎个人福祉，但还无法轻易数字化。我们还可以思考一下，随着小众化的小规模工匠生产的发展，对手工艺的兴趣正在北半球回潮。这也影响了我们在当前形势下如何思考职业及专业的概念。

关于技术发展和数字化对专业及职业群体的影响的论述颇多，重要的是认识到这个过程并不均衡。比如说，人工智能的应用已经改变了会计专业和法学专业，它们更强调提升"软"技能，例如沟通、说服、问题解决和数据分析等能力（Ireland，2018；Susskind and Susskind，2016）。这使得有一些分析认为，职业及专业包含了多种任务，其中一些适宜数字化及应用人工智能，另一些则不适宜。

如此一来的结果是，要分解和重构或重新组合这些职业群体的任务。这样的过程可能会同时损害或提高职业或专业群体的专业知识，导致技能降低、技能重复和技能升级。但是在实践中，这个过程由利益相关方的力量平衡来决定，某一方更有能力决定技术调用的方式。于是引发了权力问题，这些过程与资本主义关系、组织战略产生关系的方式问题，以及特定因素（资本、劳动力、国家等）之间可能的斗争结果问题。

第四次工业革命的标签是悲观主义还是乐观主义？这种言论总是比较容易让人左右为难，但要注意到两种判断都取决于我们的立场，也是斗争的结果（Avis，2020b）。归根到底，彼之悲可能是吾之喜。如果我们认为第四次工业革命指明了当下前后迭代时刻的技术可能性，就可以避免对第四次工业革命独特性的过度谈论。这样的立场可以让我们思考当下形势为社会公平的社会形态所创造的承担性——这其中挑战重重，障碍无数。也许，具有新意的是，去展望一个富足社会，或者起码展望一个我们可以"从更少中生产更多"的社会（McAfee，2019；Rifkin，1995，2014）。这些进步将有助于重新衡量雇佣劳动、生产和职业以及VET的意义。我们要提出一个更广泛的VET概念，它需涵盖雇佣关系以外的活动，还要囊括虽是生产性但也对集体和个人福祉有益的实践。换言之，通过"真正有用的劳动"，来发展专业知识的不同形式，使理论和实践相结合，进而造福更广大的社会。毋庸置疑，这样的实践提出了教学法和政治方面的问题，需要与努力建设更美好世界的政策相配合。尽管资本主义的辩护者会认为资本主义可以达成这样的愿景，但这仍然值得怀疑。本书前文讨论新社会契约时，我已经探讨过了其中一些观点。

麦卡菲（McAfee，2019：3–4）认为，资本主义和技术进步相结合，可以改善人类状况和自然环境。也就是说，只要资本主义及技术进步可以和另外的两个"乐观主义骑士"——公共意识和反应灵敏的政府齐头并进（McAfee，2019：4）。这里存在着"新自由主义"和食利者资本主义的过度现象得到缓和的空间。但是，我回想起弗雷泽和贾吉（Fraser and Jaeggi，2018：5）的话："不论如何'驯服'，资本主义只能是且依然是'资本主义'……与此同时，当前资本主义带来的过度现象和威胁或许可以让我们停下来思考，'驯服'资本主义这一观念是否合适。"

结论

本章探讨了大量文献，涉及机器人化、人工智能、劳动力市场和劳动过程之间的关系，以及这些过程影响南北半球的方式。本章还将这些讨论与食利者资本主义日益增加的重要性以及阶级、种族及性别联系起来。

下一章将把注意力转向关于后资本主义、后工作的讨论，其主张试图超越雇佣劳动及 VET 的狭隘概念。我们需要思考 VET 如何与基于权利的教育理解相联系。可以建立一种这样的模式，满足那些被排除在正式雇佣关系之外、只接受各种形式非雇佣劳动的人的需求，让他们服务自己的社区，为福祉做贡献。

致谢

本章部分来自本人论文，见 "Socio–technical imaginary of the fourth industrial revolution and its implications for vocational education and training: a literature review"，刊于《职业教育与培训》（*Journal of Vocational Education & Training*），2018 年第 70 卷第 3 期，第 337—363 页，详见 https://doi.org/10.1080/13636820. 2018.1498907。

注释

［1］皮尤研究中心自称是一个"没有倾向性的智库，致力于向公众阐释影响世界的议题、态度和趋势。"

参考文献

Acemoglu, D., and P. Restrepo. 2017. Robots and Jobs: Evidence from US Labor Markets. NBER Working Paper No. 23285. National Bureau of Economic Research. http://www.nber.org/papers/w23285.pdf

Adler, P. 2006. From Labor Process to Activity Theory. In *Critical Perspectives on Activity: Explorations across Education, Work and*

Everyday Life, ed. P.H. Sawchuk, N. Duarte, and M. Elhammoumi, 225–261. Cambridge: Cambridge University Press.

Adler, P., and C. Heckscher. 2006. Towards Collaborative Community. In *The Firm as a Collaborative Community*, ed. C. Heckscher and P. Adler, 11–105. Oxford: Oxford University Press.

Allman, P., P. McLaren, and G. Rikowski. 2003. After the Box People. In *Yesterday's Dreams: International and Critical Perspectives on Education and Social Class*, ed. J. Freeman-Moir and A. Scott, 149–179. Christchurch: Canterbury University Press.

Anderson, D. 2009. Productivism and Ecologism: Changing Dis/courses in TVET. In *Work, Learning and Sustainable Development*, ed. J. Fien, R. Maclean, and Man-Gon Park, 35–57. Dordrecht: Springer.

Anslow, L. 2016. Robots Have Been about to Take All the Jobs for More than 200 Years: Is It Really Different This Time? https://timeline.com/ robots-have-been-about-to-take-all-thejobs-for-more-than-200- years-5c9c08a2f41d

Atkinson, R., and J. Wu. 2017. False Alarmism: Technological Disruption and the U.S. Labor Market, 1850–2015, Information Technology and Innovation Foundation. http://www2.itif.org/2017-false-alarmism-technological-disruption.pdf?_ga=2.144641148.812496487.1496450124-3412 39608.1496450124

Autor, D. 2013. The Task Approach' to Labor Markets: An Overview. *Journal for Labour Market Research* 46(3): 185–199.

———. 2015. Why Are There Still so Many Jobs? The History and Future of Workplace Automation. *The Journal of Economic Perspectives* 29 (3): 3–30. https://doi.org/10.1257/jep.29.3.3.

Autor, D., F. Levy, and R. Murnane. 2003. The Skill Content of Recent Technological Change: An Empirical Exploration. *The Quarterly Journal of Economics* 118 (4): 1279–1334. https://doi.org/10.1162/00335530332 2552801.

Autor, D., L. Katz, and M. Kearney. 2006. The Polarization of the U.S. Labor Market, the American. *Economic Review* 96 (2): 189–194. https://doi.org/1 0.1257/000282806777212620.

Avent, R. 2017. *The Wealth of Humans*. London: Penguin.

Avis, J. 2010. Workplace Learning, Knowledge, Practice and Transformation. *Journal for Critical Education Policy Studies* 8 (2): 165–193. http://www. jceps.com/?pageID=article&articleID=197.

———. 2016. *Social Justice, Transformation and Knowledge: Policy. Workplace Learning and Skills*. London: Routledge.

———. 2018. Crossing Boundaries: VET, the Labour Market and Social Justice. *International Journal for Research in Vocational Education and Training* 5 (3): 178–190. https://doi.org/10.13152/IJRVET.5.3.2.

———. 2020a. Thinking About the Future: The Fourth Industrial Revolution, Capitalism, Waged Labour and Anti-work. In *The SAGE Handbook of Learning and Work*, ed. M. Malloch, L. Cairns, K. Evans, and B. O'Connor. London: Sage (Under review).

———. 2020b. Whither a Politics of Hope: Neoliberalism and Revolutionary Reformism? In *Caliban's Dance*, ed. M. Daley, K. Orr, and J. Petrie, 7–13. London: UCL IOE Press.

Ball, S., M. Maguire, and A. Braun. 2011. *How Schools Do Policy: Policy Enactments in Secondary Schools*. London: Routledge.

Bastani, A. 2019. *Fully Automated Luxury Communism*. London: Verso.

Baxter, G., J. Rooksby, Y. Wang, and A. Khajeh-Hosseini. 2012. The Ironies of Automation ... Still Going Strong at 30? Proceedings of ECCE 2012 Conference, 29th–31st August, Edinburgh, North Britain, 65–71. https:// doi.org/10.1177/1753193411414639

Bernstein, B. 1977. *Class, Codes and Control*. Vol. 3. London: RKP.

Bodrožić, Z., and P. Adler. 2018. The Evolution of Management Models: A Neo-Schumpeterian Theory. *Administrative Science Quarterly* 63 (1):

85–129. https://doi.org/10.1177/0001839217704811.

Boutang, Y.M. 2011. *Cognitive Capitalism*. Cambridge: Polity.

Braverman, H. 1974. *Labor and Monopoly Capital: The Degradation of Work in the Twentieth Century*. New York: Monthly Review Press.

Bregman, R. 2016. *Utopia for Realists*. Amsterdam. the Correspondent. https://thecorrespondent.com/.

Brown, P., H. Lauder, and D. Ashton. 2011. *The Global Auction*. Oxford: Oxford University Press.

Brynjolfsson, E., and A. McAfee. 2011. *Race Against the Machine: How the Digital Revolution Is Accelerating Innovation, Driving Productivity, and Irreversibly Transforming Employment and the Economy*. Lexington, MA: Digital Frontier Press.

———. 2014. *The Second Machine Age: Work, Progress and Prosperity in a Time of Brilliant Technologies*. New York: Norton & Company.

Chollet, F. 2017. The Impossibility of Intelligence Explosion, Medium. https:// medium.com/@francois.chollet/the-impossibility-of-intelligence-explosion-5be4a9eda6ec.

Cirillo, V. 2018. Job Polarization in European Industries. *International Labour Review* 157 (1): 39–63.

Cleaver, H. 2017. *Rupturing the Dialectic*. Chicago: AK Press. Coyle, D. 2017. Precarious and Productive Work in the Digital Economy. *National Institute Economic Review* 240: 5–14. https://doi.org/10.1177/ 002795011724000110.

Dittrich, P. (2016) Reskilling for the Fourth Industrial Revolution: Formulating a European Strategy. Jacques DelorsInstitut – Berlin. http://www.institutdelors.eu/wp-content/uploads/2018/01/digitalskill-jdib-nov2016.pdf?pdf=ok.

DWP. 2019. Employment Rate Remains at Record High. https://www.gov.uk/government/news/employment-rate-remains-at-record-high

Dyer-Witheford, N., A.M. Kjøsen, and J. Steinhoff. 2019. *Inhuman Power*. London: Pluto.

————. 2010. *From Teams to Knots: Activity-Theoretical Studies of Collaboration and Learning at Work*. Cambridge: Cambridge University Press.

Fleming, P. 2017. *The Death of Homo Economicus*. London: Pluto.

Ford, M. 2016. *The Rise of the Robots*. London: Oneworld.

Fraser, N., and R. Jaeggi. 2018. *Capitalism: A Conversation in Critical Theory*. Cambridge: Polity.

Frey, C. B., and M. A. Osborne. 2013. The Future of Employment: How Susceptible are Jobs to Computerisation? Published by the Oxford Martin Programme on Technology and Employment. https://www.oxfordmartin. ox.ac.uk/publications/view/1314

Goos, M., and A. Manning. 2007. Lousy and Lovely Jobs: The Rising Polarization of Work in Britain. *The Review of Economics and Statistics* 89 (1): 118–133. https://doi.org/10.1162/rest.89.1.118.

Goos, M., A. Manning, and A. Salomons. 2014. Explaining Job Polarization. *The American Economic Review* 104 (8): 2509–2526. https://doi.org/10.1257/ aer.104.8.2509.

Gorz, A. 2010. *The Immaterial*. London: Seagull.

Guile, D., and L. Unwin. 2019a. Introduction to the Handbook: Vocational Education and training (VET) Theory, Practice, and Policy for a Complex Field of Inquiry. In *The Wiley Handbook of Vocational Education and Training*, ed. D. Guile and L. Unwin, 1–16. London: Wiley Blackwell.

————. 2019b. VET, Expertise, and Work: Situating the Challenge for the Twenty-first Century in Guile. In *The Wiley Handbook of Vocational Education and Training*, ed. D. Unwin and L. Unwin, 19–40. London: Wiley Blackwell.

Haldane, A. 2015. Labour's Share Speech Given by Chief Economist, Bank of England. https://www.bankofengland.co.uk/-/media/boe/files/speech/2015/ labours-share.pdf?la=en&hash=D6F1A4C489DA855C8512FC41C0 2E014F8D683953

Harvey, D. 2014. *Seventeen Contradictions and the End of Capitalism*.

London: Profile.

Hodkinson, P., and D. James. 2003. Transforming learning cultures in further education. *Journal of Vocational Education and Training* 55 (4): 389–406. https://doi.org/10.1080/13636820300200236.

Holloway, J. 2019. *We are the Crisis of Capitalism Oaklands*. Kairos PM.

Holzer, H. 2015. Job Market Polarization and U.S. Worker Skills: A Tale of Two Middles. Brookings Institution Economic Studies Working Paper. https:// www.brookings.edu/wp-content/uploads/2016/06/polarization_ jobs_policy_holzer.pdf

Ireland, C. 2018. *Reducing Public Speaking Anxiety in Undergraduates: a Case Study of an Intervention with Accountancy Students.* Doctoral Thesis, University of Huddersfield.

Keep, E., and S. James. 2012. A Bermuda Triangle of Policy? 'Bad Jobs', Skills Policy and Incentives to Learn at the Bottom End of the Labour Market. *Journal of Education Policy* 27 (2): 211–230.

Keynes, J.M. 2009. Economic Possibilities for Our Grandchildren (1930). In *Essays in Persuasion*, 191–202. New York: Classic House books.

Livesey, F. 2017. *From Global to Local.* London: Profile books.

Livingston, J. 2016. *No More Work.* Chapel Hill: University of North Carolina Press.

Lotringer, S. 2004. Foreword. In *A Grammar of the Multitude*, ed. P. Virno. Los Angeles: Semiotext(e).

Martin, R., and P.S. Morrison. 2003. The Geographies of Labour Market Inequality. In *Geographies of Labour Market Inequality*, ed. R. Martin and P.S. Morrison. London: Routledge.

Marx, K. 1976 [1867]. *Capital: A Critique of Political Economy*, Vol 1. Harmondsworth: Penguin

Mason, P. 2015. *Postcapitalism.* London: Allen Lane.

Mason, P. 2019. *Clear Bright Future.* London: Allen Lane.

McAfee, A. 2019. *More from Less*. London: Simon and Schuster.

McGrath, S., and L. Powell. 2016. Skills for Sustainable Development: Transforming Vocational Education and Training Beyond 2015. *International Journal of Educational Development* 50 (2016): 12–19.

McRae, H. 2019. The Job Market is Booming—but Not for Obvious Reasons. *The Independent* (Daily Edition), September 11, p. 35.

MGI. 2013. Disruptive Technologies: Advances that Will Transform Life, Business, and the Global Economy. Tech. Rep., McKinsey Global Institute. https://www.mckinsey.com/business-functions/digital-mckinsey/our-insights/disruptive-technologies

Mishel, L., and J. Bivens. 2017. The Zombie Robot Argument Lurches On, Economic Policy Institute. http://www.epi.org/publication/the-zombie- robot-argument-lurches-on-there-isno-evidence-that-automation-leads-to- joblessness-or-inequality/?utm_content=buffereba76&utm_medium=social&utm_source=twitter.com&utm_campaign=buffer

Mishel, L., and H. Shierholz. 2017. Robots, or Automation, are Not the Problem: Too Little Worker Power Is. Economic Policy Institute. https://www.epi.org/publication/robots-orautomation-are-not-the-problem-too-little- worker-power-is/

Mokyr, J., C. Vickers, and N. Ziebarth. 2015. The History of Technological Anxiety and the Future of Economic Growth: Is This Time Different? *Journal of Economic Perspectives* 29 (3): 31–50. https://doi.org/10.1257/jep.29.3.31.

Mould, O. 2018. *Against Creativity*. London: Verso.

Nevin, S. 2016. Lifelong Learning Reforming Education for an Age of Technological and Demographic Change. IoD policy report. https://www.iod.com/Portals/0/PDFs/Campaigns%20and%20Reports/Employment%20and%20Skills/Life%20Long%20Learning%20Report.pdf?ver=2016-09-14-124014-230.

Orr, K. 2016. *Who Cares About Vocational Education and Training? Pedagogy and Pathways for the 'overlooked middle'*. Professorial inaugural lecture, The University of Huddersfield, December 1.

Paulsen, R. 2014. *Empty Labor: Idleness And Workplace Resistance*. Cambridge: Cambridge University Press.

Peters, M.A. 2017. Technological Unemployment: Educating for the Fourth Industrial Revolution. *Educational Philosophy and Theory* 49 (1): 1–6. https:// doi.org/10.1080/00131857.2016.1177412.

Pew Research Center. 2014. AI, Robotics, and the Future of Jobs. https:// www.pewinternet.org/2014/08/06/future-of-jobs/

Pfeiffer, S. 2014. Digital Labour and the Use-Value of Human Work. On the Importance of Labouring Capacity for Understanding Digital Capitalism. *tripleC* 12 (2): 599–619. https://doi.org/10.31269/triplec.v12i2.545.

———. 2016. Robots, Industry 4.0 And Humans, or Why Assembly Work Is More than Routine Work, Societies. *Societies*, June. 1–26. https://doi. org/10.3390/soc6020016

Rifkin, J. 1995. *The End of Work*. New York: Putnam.

———. 2014. *The Zero Marginal Cost Society*. London: Palgrave Macmillan.

Roberts, K. 2016. Youth Cultures and the Formation of a New Political Generation in Eastern Europe. In *Eastern European Youth Cultures in a Global Context*, ed. M. Schwartz and H. Winkel, 46–63. London: Palgrave Macmillan.

Rodrik, D. 2016. Premature Deindustrialization. *Journal of Economic Growth* 2 (1): 1–33. https://doi.org/10.1007/s10887-015-9122-3.

Ross, A. 2016. *The Industries of the Future*. London: Simon &Schuster.

Sale, K. 1996. Rebels against the Future: The Luddites and Their War on the Industrial Revolution. Boston: Addison Wesley.

Saniter, A., and F. Howe. 2017. Industry 4.0—What's behind the Mask? A Case of Addititve Manufacturing. In *Social Dimensions and Participation in Vocational Education*, ed. F. Kaiser and S. Krugmann, 172–176.

Rostock: University of Rostock.

Seeverband der Bayerischen Metall- und Elektro-Arbeitsgeber. 2016. Industrie 4.0–Auswirkungen Auf AsundWeiterbildung in Der M+E Industrie. https://www.vme-net.de/sites/default/files/downloads_und_vorschaubilder/baymevbm_studie_industrie-4-0.pdf.

Sennett, R. 2009. *The Craftsman*. Harmondsworth: Penguin.

Shildrick, T., R. MacDonald, C. Webster, and K. Garthwaite. 2012. *Poverty and Insecurity: Life in low-pay, No-pay Britain*. Bristol: Policy Press.

Solow, R. 2008. The German Story. In *Low-wage Work in Germany*, ed. G. Bosch and C. Weinkopf, 1–14. New York: The Russell Sage Foundation.

Streeck, W. 2016. *How Will Capitalism End?* London: Verso.

Susskind, R., and D. Susskind. 2016. *The Future of the Professions*. Oxford: Oxford University Press.

Teixeira, R. 2017. It's Time to Explode the Myth of "McJobs". https://www.vox. com/the-bigidea/2017/6/13/15788610/robots-artificial-intelligence-ai-mcjobs-low-skill.

Victor, B., and A. Boynton. 1998. *Invented Here: Maximizing Your Organization's Internal Growth and Profitability*. Harvard: Harvard Business School Press.

Wallerstein, I., R. Collins, M. Mann, G. Derluguian, and C. Calhoun. 2013. *Does Capitalism Have Future?* Oxford: Oxford University Press.

Wheelahan, L. 2019. Knowledge, Competence, and Vocational Education. In *The Wiley Handbook of Vocational Education and Training*, ed. D. Guile and L. Unwin, 97–112. London: Wiley.

Whittaker, M. 2015. What Do Current Trends Tell Us about the British Labour Market of Tomorrow? In *Technology, Globalisation and the Future of Work in Europe: Essays on Employment in A Digitised Economy*, ed. T. Dolphin, 36–41. London: IPPR. https://www.ippr.org/publications/technology-globalisation-and-the-future-of-work-in-europe.

Winch, C. 2012. *Dimensions of Expertise*. London: Continuum.

Wolf, M. 2019. Why Rigged Capitalism is Damaging Liberal Democracy. *Financial Review*, September 19. https://www.afr.com/policy/economy/why-rigged-capitalism-is-damaging-liberal-democracy-20190919-p52su6

Young, M. 2008. *Bringing Knowledge Back In*. London: Routledge.

第四章　后工作、后资本主义和
第四次工业革命

摘要

本章探讨的问题围绕意大利工人主义、后资本主义、后工作、全民基本收入和富足政治方案。本章超越了当下关于第四次工业革命的概念，转向政治角度的分析，宣告一个即便算不上变革性的，但至少是关键性的实践。劳动力市场分析家拒绝承认劳动者正被逐出雇佣劳动。有人经历和抱怨就业的不稳定、间歇性和失业，有人一辈子围着工作转，两类人之间存在着紧张关系。对一些人而言，这已经导致了他们被解雇，但另一些人则地认为这提高了雇佣劳动的强度。第四次工业革命表现得避无可避，却抹掉了它与资本主义发展的结合以及它和阶级斗争的关系。本章呼吁，要全面理解阶级和职业教育及培训。

关键词

第四次工业革命；后工作；后资本主义；全民基本收入；工人主义

引言

本章参考了前几章关于未来工作和技能的观点，并将其与更激进的分析结合起来。许多讨论劳动力市场的研究都拒绝承认劳动者正被逐出雇佣劳动，与本书前面进行的一些分析完全相反。有人经历和哀叹动荡、间歇性就业和不充分就业，也有人似乎一辈子都围着工作转，两类人存在着冲突。矛盾的是，对一些人而言，这已经导致了有人被解雇，但另一些人则认为这提高了雇佣劳动的强度。从意识形态表现来看，第四次工业革命呈现为必然的进步，从第一次工业革命顺势而上，一直发展到当下这场工业革命。但是，这些建构忽视了第四次工业革命如何与资本主义的发展相结合，忽视了它和阶级斗争的关系。这些过程提醒我们技术如何交织在社会关系中。最终，本章讨论了意大利工人主义、后资本主义、后工作、全民基本收入，以及自相矛盾的富足政治问题。因此，本章试图进行政治角度的分析，超越时下镶嵌在生产力主义中的第四次工业革命的概念，反过来宣告一个即便算不上变革性的，但至少关键性的实践（Anderson，2009；McGrath and Powell，2016；Powell，2012）。

劳动力市场

费雷（Frey，2019）认为，技术可以通过两个途径影响劳动力市场和雇佣劳动。技术可以导致劳动力转移、技术性失业，也可以扩大劳动过程，从而提高生产力、增加就业机会。此外，基于大量文献，费雷提出第一次工业革命之后的断裂和当下被称作第四次工业革命的情形有相似之处（见本书第一章，图 1.1）。机械化之后进入第一次工业革命，在其早期，工人被取代，导致原来的熟练工人工资下降，同时期的半熟练工和非熟练工也如此。"在 19 世纪头 40 年，国家收入中的利润部分翻了一倍，而土地及劳动收入部分都下降了"（Frey，2019：132）。费雷还借鉴了艾伦（Allen，2009）的研究，将这一时期称为"恩格斯的停滞"。马克思和恩格斯的分析建立在资本主义发展的这个特殊时刻，而且马克思主义批判强调无产阶级的贫困。对艾伦和弗雷来说，这个阶段过后就是第二次工业革命，特征是引入技术，提升劳动力，最终提高了工人阶级的工资，也就是半熟练和非熟练工人的工资。最终，这些工人的生活方式与物质生活跟中产阶级一样，从而呼应了资产阶级化理论（the embourgeoisement thesis）。

至少有两点需要注意。用了将近 40 年，随第一次工业革命而来的断裂才得以通过扩大对半熟练和非熟练劳工的需求，以利好工人阶级的方式解决。在这个时期，技术增强了劳动力，提升了工人的生产率，从而使他们有能力提高工资，增加物质财富，促进社会福祉。

弗雷在推测未来工作时，虽然正确地摆出审慎的态度，但他的观点暗示，我们所处的时期同"恩格斯的停滞"那时候一样，技术正在以同样的方式取代半熟练和非熟练工人。与此同时，技术催生了对高技能、高学历劳动者的需求，使得大学、受过高等教育的中产阶级和工人阶级之间差距越来越大。但是，这个观点的逻辑似乎在暗示说，如果第一次工业革命和第四次工业革命的发展轨迹一致，那么既然第二次工业革命解决了第一次工业革命带来的断裂，也就可以期待，在第四次工业革命带来断裂之后，能够恢复对半熟练和非熟练工的需求（另见 Autor，2015）。也就是说，和第二次工业革命试图提高半熟练和非熟练工的劳动力一样，未来也会为那些已经失业的工人提供类似的可能性。如果接受了这样的观点，出现在 20 世纪的凯恩斯主义和社会民主方案就不应该视作例外，而应该视作资本主义发展的一个方面。费雷会争辩说，这样的未来远未尘埃落定。然而，他会毫不含糊地宣称，在当前整个时刻，技术正在替代半熟练和非熟练工的劳动，由此将引发所有的负面影响。

不论雇佣劳动的未来怎样，都会在一定程度上受到围绕阶级斗争这一广泛概念的政治和社会进程的影响，还会受到技术提供的承担性（不论它会为工人赋能还是会取代工人）的影响。同样重要的是，我们要认识到，技术有其出处，而且绝非无辜或中立。技术源于特定的社会经济状况和劳资力量的平衡，试图解决特定的困难和议题。一个阶级斗争的广泛概念会考虑到失业者、无薪者以及中产阶级成员的交叉性（Avis，2019）。这样的概念也呼吁重新思考失业语境下职业教育与培训（VET）的构成、无偿劳动的凸显、非正式经济的价值，特别是在南半球社会形态中思考以上议题（McGrath and Powell，2016；Powell，2012）。

虽然把技术性失业比作"幽灵"可能言过其实，但是，必须从技能、工作时长和薪酬三方面思考适合失业工人的职业类型，这一点至关重要。可以说，在使用半熟练工、非熟练工这两个术语时，我有些不自在。毫无疑问，工厂工人曾经在凯恩斯时代享受过丰厚的薪酬，但是他们已经被转去其他岗位，更多从事所谓低技能、低工资的常规工作，成了门卫、护理及服务员等。尽管如此，我们还是需要思考如何在这些背景下理解技能。其中一个方式是思考专业中产阶级的技能，考察所谓真正有用或是确实具有生产性的劳动，也就是说，体现了使用价值的劳动。这引发了一系列如何理解术语的问题，我将在下面阐述。

思考技能

在本书前文，我考察了技能、专业知识和默认的鉴赏力之间的关系。我提出，技能与其说是个体特征，不如说是集体造就，因此，专业知识会是更适当的术语，因为它展现了一条进步的、充满活力的轨迹。专业知识不仅持续发展，而且因势而异、因时而变，还包括了判断力和鉴赏力的运用，而它们随着时间而精进，从而使实践者深刻地、近乎直觉般地理解自己从事的行业。但是，专业知识的形成依然会受制于当前所处的广大社会经济环境。

近年来已经有颇多论述针对"知识"或数字经济所要求的技能。世界经济论坛（WEF，2018）在《未来就业报告》（*The Future of Jobs*）对企业高管进行调查，确定了当前急需的十大关键技能，以及至2022年急需的十大关键技能。需要指出的是，报告预测，要求精通新技术的同时，对软技能、人文技能和认知技能也将有强烈需求。

表 2018 年和 2022 年急需的十大关键技能

2018	2022
分析思维与创新	分析思维和创新
解决复杂问题	积极学习和学习策略
批判性思维和分析	创新性、原创性和主动性
积极学习和学习策略	技术设计和编程
创造力、原创性和主动性	批判性思维和分析
关注细节，值得信赖	复杂的问题解决
情商	领导力和社会影响力
推理、解决问题和构思	情商
领导力和社会影响力	推理、解决问题和构思
协调和时间管理	系统分析和评估

引自 WEF，2018：12

有趣而又毫不意外的是，这些关键技能与那些传说专业中产阶级相关技能很吻合。这些技能包括力行终身学习、分析思维、创新性、批判性思维、问题解决、情商的运用以及用以确保影响力的领导技能。显然，这不仅呼应着莱克（Reich，1992）的"象征性分析师"（symbolic analyst），还呼应着新自由主义灵活、有适应能力的、进取的主体，即不断更新技能、志向高远的毕业生。这些高技能人才构成了知识型员工，布朗等人（Brown et al.，2011：81）称之为开发员工，被赋予"思考权力"的高级执行者。重要的是，知识型员工与布朗等人（Brown et al.，2011：81）描述的"示范者"和"混日子的人"这样的称谓反映了知识工作的去专业化和程序化。这样的劳动有利于应用人工智能，结果导致中层知识型工作的空心化。

还有几个争议需要解决，特别是那些拥有社会地位和经济权力的人如何利用影响，把自己罕见而卓越的技能和我们其他人区别开来（见 Davis and Moore，1945）。

不论是在过去还是在当下，对特定劳动形式和技能的过誉和对其他类型服务工作的贬低，总是同时发生。这种贬低往往用于妇女和其他社会边缘群体、少数族裔、移民所从事的"护理"工作。护理工作复杂，对情商有高要求，因此难以自动化，需要世界经济论坛提出的若干关键技能。这些技能不仅在 2018 年至关重要，在 2022 年可能也会必不可少。许多商界领袖认为，这些技能会在不久之后凸显，用世界经济论坛的话来说，它们是"趋势"。我们可以想一下，分析和批判性思维、主动学习、创新性、问题解决、情商和推理，全部都是护理工作者在服务身患痴呆症老人时必须运用的技能，否则满足不了复杂而苛刻的需求。我们可以认为它是"真正有用的劳动"，它造福于服务对象，因而具有"真正"的使用价值。COVID-19 大流行期间，护士和社会护理劳动力的重要性得到了充分的证明。

但是，不应该忽视的是，护理工作已经被商品化，并受到资本主义劳动过程纪律的约束，其目标是创造剩余价值，而不是满足服务对象的需求。这样，从创造利润这个意义上，护理工作可被视为生产性劳动，而护理工作有益于福祉，这一点又常常违逆了资本主义关系，这导致护理工作者要承受情感和经济成本。因此，和前面的说法相反，护理工作创造了使用价值和幸福感，仍是生产性的。

对工作的评估在某种程度上取决于劳动者的身份以及劳动所处的社会位置，这反过来构成了了一种价值判断。时任英国工党党魁杰里米·科尔宾（Jeremy Corbyn）在 2019 年竞选宣言中声称：

> 这场选举的重要问题在于：你支持谁？你支持的是逃税者……狡诈的房东……恶毒的老板……无耻的排污者……贪婪的银行家……身家亿万的媒体大亨？就是这些大亨的媒体帝国用狂轰滥炸的洗脑宣传支撑着这个病态的体制。
>
> 你知道工党站在哪一边——工党领导的政府会站在你这边。只要同心协力，我们就可以推翻腐败的体制，建立一个更公平的、关心全体的国家。

有趣的是，科尔宾的谩骂直斥资本主义制度的腐败。这是一个许多支持资本主义的人都写过的主题，但他们又悲号资本主义的过度现象（Rajan，2019；Stiglitz，2019），并期盼一个更公平、更亲和的资本主义形式。这是社会民主主义和北欧平等主义资本主义的回响（Kenworth，2004）。但是，资本主义的逻辑是永无休止地寻求积累资本和开拓新市场，这在部分福利国家的私有化进程中可见一斑（Harvey，2014：23-24）。有时候，劳动者处于支配地位，掌握着更大的权力，他们就会通过阶级斗争限制资本主义的过度现象。

但在其他时间，比如新自由主义风头旺盛的最近数十年间，资本会不遗余力地追逐其目标。在当前形势下，世界经济论坛列举的一系列关键技能会被专业中产阶级用来服务于资本，加速资本的积累，因此可视为生产性劳动的一种形式。与此同时，格雷伯（Graeber，2018）却认为，正是在这个包罗甚广的专业群体范畴中，我们遇到了他所谓"狗屎工作"（bullshit jobs），它们最终毫无疑义，不论对工作怎样定义，都属于非生产性劳动。学术劳动过程中的某些方面就是一个典型例子，因为有大量时间耗费在参加委员会议、处理邮件等事情上面（Fleming，2017：137；Zukas and Malcolm，2015：7-11）。格雷伯（Graeber，2018：217）写道：

> 一些学术环境比起其他更反智。但不论在哪里，至少有一种感觉是，事业令人愉悦的方面，比如说思考，并不是从业者得以获得工资的真正原因。最好是将那些方面视作偶尔的放纵，用来认可他真正的工作，而他真正的工作主要是填写各种表格。

有人批评格雷伯的描述凭借个人经验，没有超越主观，因此没有考虑它们和资本主义及新自由主义进程的关系。然而，他确实让我们注意到这些进程的混乱，以及它们与掌权者利益的关联方式。比如，许多组织专注于绩效和评估结果，但对此的信任度很低，这导致专业人员受到质疑，因此需要对其持续监管。此外，无意义劳动可以用来加强组织以及高级管理团队的权力和声望。在这些例子中，格雷伯（Graeber，2018：13）以接待员工作为例。接待员坐在办公场所前台，要做的事情不多，但他们的存在肯定了组织的权力和声望。与此相关的是安德森（Anderson，2017）所说的"私人管理"专制，雇员身处其中，需要服从高级管理者莫名其妙的突发奇想。至少有两点需要说明。首先，管理骨干的任意、专制规矩受到资本主义的规约，垄断和寡头倾向会削弱这种专断，但有利于集中权力并助长权力滥用。其次，"金融化"的重要性不断上升，打破了剩余价值主导的"传统"方式，也就是说，现在用金钱来创造更多的金钱（money generates money, M–M），进而避开了生产性劳动的作用。这个过程跟原始积累以及寻租更为相似，而不是跟资本包含劳动力相似。值得注意的是，当前形势有一个特征，即就业及工资和生产力及增长脱钩。这可见于工资和生产力之间关系的任意性。我们只需要想一想，即便公司倒闭，高管依旧获得过高收入，而与此相对的是，生产工人的工资少得可笑。有时候这也反映为收入和财富分配的不理性和无逻辑。这样的分配当然由阶级权力平衡决定，而目前阶级权力青睐的是高层管理者和资本的利益。

人的本质

雇佣劳动是当下正统理论的核心，被认为对社会和经济繁荣至关重要，而雇佣劳动一旦消失，将导致社会和经济的萧条。雇佣劳动不足会带来一系列社会伤害，导致虚无感，引发身心健康问题。

我们是谁，我们是什么？答案的核心在于工作（Wilkinson and Pickett，2010，2018）。这带来了数个问题。雇佣劳动的重要性在于它能让人充分参与更广泛的社会。然而，这基于足够的收入，而值得注意的是，在职贫困（in-work poverty）成为资本主义经济越来越显著的特征（Anderson，2017：134–135；Bloodworth，2018；Ehrenreich，2010）。在职贫困也可见于令人高度异化及令人不快的工作，不论是在北半球还是南半球（The Guardian，2015；Parker and Vonow，2017）。

　　虽然什么才是高度异化及令人不快工作，这里面不仅包括主观评价，还有价值判断，但我们仍要思考有什么工作种类适合希尔德瑞克等人（Shildrick et al.，2012）所研究的工人阶级社群。这些社群中的许多人挣扎在低工资、低技能的工作中，时不时就要经历失业。尽管如此，不懈追求雇佣劳动并投入其中是这些群体的一个特点。很多研究者用这些群体的孜孜以求来挑战针对他们的"病理学"概念，这一概念认为他们不仅拒绝工作，而且依靠国家福利和轻微犯罪维持生计（Shildrick et al.，2012；Simmons and Thompson，2011）。在这种情况下，对体面工作的孜孜以求可被视作一个关乎社会正义问题。

　　但是其中蕴含着讽刺。一方面，这种观点反映了一个现实主义的政治策略，即为已经失业的人提供体面的工作。在某些方面，涉及全民基本收入的争论针对的是社会正义问题。有人认为，全民基本收入可以让人避免高度剥削及压迫性的雇佣劳动，这可能导致雇主投资重要机器，从而在鼓励提高工作质量的同时，消除雇佣劳动的苦闷。全民基本收入充其量可被视作革命改良主义的一个方面，社会和经济体制经历质的转变的过程中的一个阶段。

　　然而在另一层面，全民基本收入通过赋予雇佣劳动以核心地位可能把人们禁锢在资本主义工作关系中，因而成为一种圈套（Holloway，2019：230）。对克里夫（Cleaver，2017：13）而言，反对雇佣劳动的斗争，或用工人主义的术语来说，对雇佣劳动的拒绝是"把反对工作的斗争当作对资本主义机器最根本的威胁"。有一点很重要，即认识到雇佣劳动给在职贫困者带来的伤害。与此同时，我们也需要认识到，当生活的全部都围着工作转，劳动强度的提高和来自周围的不安全感就会造成伤害（Beckett，2018；Cederström and Fleming，2012；Frayne，2019；Marazzi，2011：113）。

　　萨吉（Sage，2019）指出，缺少工作经验并不重要，重要的是无法坚持呼吁参与雇佣劳动的强大的社会规范。他声称，跟强烈依赖社会规范的人相比，那些对社会规范依赖较弱的人在失去雇佣劳动时，遭受的痛苦小得多（Frayne，2015）。打个比方，萨吉（Sage，2019：210）引用了赫齐库等人（Hetschko et al., 2014：150）的论述，后者发现，那些从长期失业过渡到退休的人幸福感大为增加，因为他们不再受制于"职业道德"，不用遭受失业羞辱（另见 Ponomarenko et al., 2019）。

在讨论围绕全民基本收入的争议前，我想要回顾"工作"的概念。前文所论大部分都倚重雇佣劳动，预设了工业资本主义特有的就业模式。它哀叹近年发生的变迁，悲号这些变迁导致雇佣劳动被排除在外，以及不稳定性增加。马洛克等人（Malloch et al., 2021）认为，从历史来看，我们已经倾向于用"雇佣劳动"来定义自己（亦见 Wilkinson and Pickett, 2010, 2018）。

因此，终身学习的合理性已经得到了证明，因为终身学习是雇佣劳动的途径，这在 VET 中尤为典型。在这样的情况下，萨吉（Sage, 2019）的观点尤显突出，因为它确实指向那些已经从雇佣劳动过渡到退休的人。这个观点提醒我们，重新想象 VET，或许可以对处在各种"生活空间"和各个"生命阶段"的人以及处在雇佣劳动不同位置的人做出终身学习的潜在贡献（Malloch et al., 2021）。这样的立场将要求对 VET 进行重新构想，超越与雇佣劳动相关的狭隘的工具主义。

全民基本收入

围绕"全民基本收入"及类似概念，不论是左派还是右派，都有一系列矛盾的观点（见 Marinelli, 2017，他以英国为例对这些问题作了慎重的阐述）。争辩的大部分都针对负担能力问题，并被放在一个在当前社会经济状况下落实全民基本收入（UBI）的政策科学框架之内。这把现存的资本主义关系视为理所应当，试图把全民基本收入纳入当前的福利体系，尽管福利体系看起来和 21 世纪雇佣劳动及家庭生活的本质越来越格格不入。在这个体系里，福特主义就业模式已经消失，取而代之的是更灵活、更没保障的工作，双收入家庭也变得正常化。北半球人口结构发生变化，导致越来越多独居长者需要护工或家庭成员的支持。

有一点很重要，就是认识到全民基本收入是如何以各种改造过的具体方案落地实施。与此同时，在这个政策科学框架中，争论的轮廓保持不变，内在却分裂成了两个截然不同的立场。马丁纳利（Martinelli，2017：2）认为，"相比起声称负担不起全民基本收入，对矛盾更为准确的描述是，**负担得起的，都是杯水车薪；皆大欢喜的，都负担不起**"。此外，还有人声称，如果全民基本收入取代官僚机构和福利国家提供的一系列救助，那么它将甚至不足以惠及最贫穷的社会成员。这就告诉我们，要想负担得起，就要把全民基本收入设定在一个足够低的水平上，但它解决不了最贫穷人口的贫困；而如果为其设定一个足够高的标准，则负担不起（Hoynes and Rothstein，2019）。它还告诉我们，全民基本收入就其本质而言是全体惠益，因而并不会影响不平等的格局，除非其分配能有的放矢，而这又会导致全民基本收入和其他福利救助重合，而且还要承担带来的所有成本。矛盾的是，全民基本收入的普惠性反映了现有的不平等模式，从而削弱它解决贫困问题的有效性。

对基于政策科学或技术框架为全民基本收入辩护的人而言，基本收入将解决不稳定就业和导致在职贫困的就业形式带来的不平等问题。基本收入可以保障最低生活水平，为失业者和低收入者提供补助（Skidelsky，2016）。此外，通过降低贫困水平，全民基本收入还将改善身心健康水平（Haagh and Rohregger，2019；World Health Organisation，2019）。有人认为，基本收入将通过减少经济状况核查数量来减少福利机构。就纯粹的形式而言，它将导致对所有社会成员的全面支付，把如何使用这笔钱及用于何种目的的责任交给受惠者。通过这样的方式，它将取消其他所有福利，从而降低福利国家成本。但是，很多寻求实现全民基本收入的提议都基于一定条件。比如，在皇家艺术协会（Royal Society of Arts，简称 RSA）提议的方案中，年收入一旦超过7.5 万英镑，全民基本收入就会降低；年收入超过 15 万英镑，全民基本收入就逐步降低以至零（Painter and Thoung，2015：23）。

接下来，我想从政策科学，即我所说的落实全民基本收入的技术方案走出来。这些方案关注的都是技术问题，围绕着全民基本收入的落实、可行性、成本和效果。这些技术方案要质疑的是，在当下社会经济背景中，全民基本收入是否消除贫困和不平等的最佳方式。讨论始于道德伦理上的观点，即全民基本收入预示着发展一个超越雇佣劳动和资本主义关系的未来社会——一个后工作、后资本主义社会形态。维克斯（Weeks，2011：12）提醒我们，可能由其他的方式组织工作或准确来说是组织生产性劳动，有别于资本主义经济体中的组织方式。

在前文的讨论中，可以说我使用"雇佣劳动"这个术语时稍显随意。这个术语本身就是双面的，一方面指向剩余价值的生产及资本对其占有，另一方面则指向资本范围之外的使用价值的生产，典型的例子比如参加社会再生产的妇女所从事的家务劳动（Hester and Srnicek，2019）。拉斯汀（Rustin，2013：13）指出，"如果在培养、提升和展现人力资本上还要大量工作可以完成也应该完成，那就没有任何合理的或技术上的理由为失业辩解"。这个观点虽然植根于生产力主义，却提醒我们注意，在资本主义雇佣关系之外存在着"真正有用的劳动"的可能性，我们可以从中阐释人类本质。这就需要一种基于教育权利的 VET 形式，这种教育需打破与生产力主义的联系（Anderson，2009）。这种模式会试图让参与者参加真正有用的劳动，加速重新构想社会和政治关系，从而让允许 VET 直接参与人类本质。

洪尼科特（Hunnicutt，2013）讨论了久已遗忘的美国梦，他的话既富于教益，又贴切中肯。在工业资本主义发端之时，曾有一种协同一致的想法来规训工人，使他们习惯工厂的节奏——贫困就是其中一种策略。洪尼科特让我们注意力到 19 世纪及 20 世纪早期的美国工人斗争，目的是缩短工作时长，呼吁大量增加自由时间——"逐步缩减劳动时间"（Hunnicutt，2013：xi）。直到 20 世纪中叶，对这些问题的关注才声势减弱，取而代之的是对生活水平不断提高的追求。自由时间是劳动者可以践行人类本质、有效参与非异化劳动的空间，从而逃脱"工作暴政"，重新树立资本主义雇佣关系以外的劳动的尊严（Hunnicutt，2013：7）。尽管对抗工厂纪律的斗争在工业化早期阶段的英国非常明显，但相比起美国，英国对呼吁延长自由时间的声势并不浩大。尽管如此，这依然是工会运动的一部分。

　　然而，这种斗争仍属改良主义，有助于劳动力的社会再生产。它为工人逃离雇佣劳动的虚无感提供了空间。沉浸自由时间，可以让工人感受到生活的意义，促使他们随后重返雇佣劳动。

　　当下人们对平衡工作和生活的关注再次引发了这些担忧。与此同时，对延长自由时间的呼吁可以成为革命改良主义的一部分，重新激发之后就能与全民基本收入的落实相结合。对此，皮茨和迪娜斯坦（Pitts and Dinerstein：2017a：428）揶揄地评论道："基本收入可以看作是雇佣关系弱化的世界里，维系金钱和生存关系的手段。"然而，全民基本收入也可能使资本主义国家获得权力，控制那些收入无法维持生计的人。此外，因为全民基本收入聚焦于个人化，它也会削弱劳动者和工会组织的集体力量。

　　有的研究者受意大利工人主义影响，如富马加利（Fumagalli，2011）认为在当前经济背景下，劳动和剩余价值的衡量关系已经中断。他说，"随着认知（知识、非物质、信息）资本主义的到来，价值增值倾向于嫁接到不同形式的劳动上，这些劳动超出正式工作时间，越来越和整个生命过程重合（Fumagalli，2011：10；亦参见 Vercellone，2009）。

　　这些观点都基于对"一般智力"（general intellect）的特殊分析和《政治经济学批判大纲》（*Grundrisse*）中"机器论片段"的支持（Marx，1973［1857–1858］：704–706，2014［1858］）。认知资本主义强调集体形成的"共同"知识的作用，这些知识在劳动过程之外获得，随后被资本用于追求剩余价值。高兹（Gorz，2010：52）指出，认知资本主义的运作方式和工业资本主义不同，因为前者的生产力主要是知识，知识是一种产品，很大程度上是无偿的集体活动的成果。此外，以"片段"来描述生产被认为揭示了资本主义发展的逻辑。马克思（Marx，1973：705）写道，"劳动不再显得包含在生产过程中，相反地，人类更多地以监督者和调解者的身份与生产过程发生联系。"这些观点的要旨在于支持那些欢呼以富足为特征的后资本主义、后工作社会的可能性的人。与此相联系的是阿德勒（Adler，2007）所说的古典马克思主义，即生产力的充分发展被生产关系制约。在这些情况下，知识本身被视为生产的重要方式，而生产方式的转型和分配产生的成本最小，导致了里夫金（Rifkin，2014）所说的"零边际成本社会"。

生产力的充分发展意味着可以发展超越了传统雇佣劳动的富足社会。这种"加速主义"（accelerationist）立场是赫斯特及斯尔尼切克（Hester and Srnicek，2019）、梅森（Mason，2015）、斯尔尼切克及威廉姆斯（Srnicek and Williams）等人研究成果的特征。其中的政治逻辑在于，把资本主义推进到极致，从而激化生产力和生产关系之间的矛盾，加速走向后工作和后资本主义社会形态（Mackay and Avanessian，2014）。梅森（Mason，2015：144）写道：

> 在技术上，我们正走向零价格商品、无法计价的工作、生产率的指数级增长以及物理流程的普遍自动化。在社会中，我们受困于垄断、低效、金融主导的自由市场的断壁残垣以及"狗屁工作"激增的世界里。

梅森（Mason，2015：144）认为，这反映在"社会生产富足的免费商品的可能性"与"垄断企业、银行和政府力图维持掌控"二者之间的矛盾上。这就像是说，资本主义将会自寻死路，而我们要做的，就是顺着生产力发展的逻辑改造社会。

超越雇佣劳动

虽然超越雇佣劳动是进步的，并且是基于生产力的发展，但个中关系并不简单。对工人主义、后工作和后资本主义的批评已经讨论到了这一点，还引发了数个问题，关系到对一般智力的分析、生产性劳动、生产力和价值的衡量。像皮茨和戴尔－威特福特等研究者提请我们注意工人主义、后资本主义和后工作思维中的困境和冲突（Dyer–Witheford et al.，2019；Pitts and Dinerstein，2017b）。比如，皮茨强调对雇佣劳动的关注未能超越资本主义关系，原因有二：首先，全民基本收入的发放用资本主义国家替代了雇主；其次，对本讨论中更重要的是，对后工作的分析未能超越社会生产关系。隆巴多兹和皮茨（Lombardozzi and Pitts，2019：9）认为：

> 表面上是工作、工资和社会民主的危机，事实上反映了深层的社会再生产的普遍崩溃。这三者都是社会形式，它们调和资本主义社会相互敌对和矛盾的生存斗争。借助这种"社会形式"的视野，社会再生产理论提高了对生产劳动和再生产劳动的理论认识，之前对两者相互缠绕的关系挖掘不够，现在明白了这种关系再生产社会不平等，并阻碍福祉。

重要的是，对皮茨（Pitts，2018：3）而言，社会形式分析的关键洞察在于，价值并非来源于具体劳动，而是来源于抽象劳动，后者是"以金钱为表现形式的社会调节范畴"，一种由对立社会关系支撑的社会形式。它正好可以解决衡量方式的失效问题，解决办法基于"社会必要劳动时间，即通过商品交换，回溯性地建构起所有劳动之间抽象的社会关系"（Pitts，2018：24）。

赫斯特及斯尔尼切克（Hester and Srnicek，2019）的研究和隆巴多兹及皮茨（Lombardozzi and Pitts，2019）的相似，把我们的注意力引到社会再生产的危机，尽管其分析是基于后工作框架。他们指出，许多针对后工作的分析都有回避社会再生产和生产劳动问题的危险，换言之，回避了这个语境所要求的"真正有用的劳动"。赫斯特和斯尔尼切克（Hester and Srnicek，2019）担心，这种回避会让照顾和抚养子女方面的性别不平等加剧乃至合理化。在后工作社会，尽管有人工智能、机器人化等的说法拿来憧憬，但仍有很多任务将要人类来完成，从护理老人到处理人类垃圾，凡此种种，不一而足。

正如前文所述，对生产力的后资本主义分析表明，生产力的发展将会导致一个富足社会。这是一个自上而下的过程，生产力的发展预示了资本主义的终结，让人想起马克思和恩格斯（Marx and Engels，1967：

94）的说法，即资本就是自己的掘墓人。这个过程遵循的逻辑不为人力所干预，但生产力资本主义关系联系紧密，运作中的技术也是如此。这里的重点在于，指望生产力自行发展能导致后资本主义社会到来的想法过于乐观。要解决这个问题，就要在生产力的概念中再次引入对阶级斗争的分析。

这样的分析会认识到，生产中的技术应用也会与阶级斗争有关，其特征是劳资之间的对立关系。这个对立关系由区域、国家和地方背景以及三者的交叉关系所调和，也就是说，由阶级、种族、性别彼此的关联所调和。

对于工人主义和后资本主义分析来说，马克思在"机器论片段"中对一般智力的讨论至关重要。不妨重复一下之前的讨论，"机器论片段"已经用来分析当前形势，并与认知或信息资本主义等的讨论放在一起。高兹提到了这些议题，他认为，当前形势和工业资本主义有本质上的不同，在其中：

> 知识作为主要生产力大部分都来源于无偿的集体活动，是"自我生产"（self production）或"主观性生产"（production of subjectivity）的结果。知识在很大程度上是"一般智力"、共享文化、活着和已死的实用知识（Gorz，2010：52）。

维尔塞隆（Vercellone，2009）的看法与此相近。他认为，在认知资本主义中，我们需要探究在资本主义企业之外的剩余价值的生产过程。

> （劳动者通过社会合作创造的剩余价值被无偿占有之后）必须重新思考工资、生产性劳动和剥削的概念，在这样的思考框架中，社会合作不再局限于工厂，而要延伸到整个社会，因为社会合作的自我组织更独立于资本（Vercellone，2008：part I）。

这个观点的意义在于，它优先考虑知识发展，而且视其为脱离了资本直接控制的集体成就及隐性民主胜利。这些观点和一般智力的人类学分析相联系，但对一些研究者来说，人类学化代表着对马克思的误读，像戴尔-威特福特和皮茨（Dyer-Witheford and Pitts，2017b：2）就评论道：

> 资本主义的特殊性并不在于工作，而是在于其结果的形式：抽象劳动、价值和金钱。这些形式相互结合，表明逃离"工作"并非逃离资本主义的途径。

对戴尔-威特福特等人而言，一般智力具体体现在资本中，而皮茨则认为，用社会再生产理论分析形式可以更好地理解当下形势。重点在于，这些研究者都拒绝用积极乐观的态度看待一般智力，怀疑资本主义不能迅速迈向后资本主义。这些研究者认为，这样的发展或许会导致雇佣劳动的消失，但并不必然意味着超越了资本主义。与此相反，布莱克（Blacker）对失业的描述可能更适合这些研究者，也更切合这个特殊的背景。

> 当下，资本主义的新自由主义变种已经不再凭借大规模剥削劳动者来支撑世界体系的扩张。随着"正常"的经营利润直线下降、金融窃取的利润增加，资本主义现在转向了一种淘汰模式，而我们大部分人，还有我们的环境，则成了等着被淘汰的废物（Blacker，2013：1）。

戴尔-威特福特等人（Dyer-Witheford et al.，2019）对人工智能及其潜在发展的讨论相当灰暗，呼应了布莱克的分析。他们的分析虽然都在理论上聚焦于通用人工智能（artificial general intelligence），但都认为现有的人工智能无法匹敌人类。当下，可变的劳动能力被看作人类劳动的一个特殊特征，即一般智力，也就是说"能够利用一般知识进行推理，完成不同任务，在崭新而且完全不同的领域和环境中活动"（Dyer-Witheford et al.，2019：126）。但是，他们推测，通用人工智能迟早会成为可能，从而使人类劳动变得多余，不再被资本需要。关键在于，这些消极分析表明了斗争在塑造社会发展过程中的重要作用，从而避免了过度乐观地对待后资本主义和加速主义的某些阐释。那些乐观的分析认为，追逐后资本主义社会形态的过程中可能存在各种斗争场域，我将在下文讨论。

斗争场域

查特顿和皮克里尔（Chatterton and Pickerill，2010）在讨论反资本主义活动时，不仅探讨了所采取的行动的范围，而且指向了为获得更广泛支持而采用的灵活策略。类似的说法也适用于建立以后工作／后资本主义社会为目标的策略。这种政治有无数起点，但所有起点都有其局限和缺漏。加速主义尽管受到批评，但提供了一个基于发展生产力方向的起点，要将生产力推至其局限。缺漏的是，这种姿态淡化了技术和资本主义相互勾结的危险，因而它被卷入双重斗争中。首先是为了集体福祉而重新占有技术，因此破坏了技术为维护资本利益的方式，结果使得技术进步能够转而服务社会全体成员。其次，在当下的结构中，技术已经加快了资本主义进程，带来了去技能化、散工和不稳定就业，这成为另一个关于是否有体面工作的争论点。那些导致以上三种后果的资本主义过程可能受到挑战，并被重新设计，使其服务于集体目标。

当前，人们对雇佣劳动的态度有一种"精神分裂"倾向。一些人认为，工作消耗了全部的生活，而另一些人则认为，工作的消失加剧了他们面临的贫困。缩减每周工作日、延长工人的自由时间可以解决这个问题，并且宣告雇佣劳动的崭新概念。如果资本主义的逻辑会使超出资本所需的人越来越多，那么缩减每周工作日、延长工人的自由时间就预示着后工作未来可能成为现实，并且可能开创一种政治，不再以雇佣劳动为核心（Harvery，2014）。全民基本收入的应用在某种程度上能解决这个问题，但也可能导致资本主义国家披上雇主的外衣，连其弊端也一并继承。这其中的斗争需要超越围绕全民基本收入的个人化，这需要与社会变革的集体策略相挂钩。这些策略将讨论后工作／后资本主义社会中雇佣劳动的替代方案，这需要解决社会生产关系的转型问题。

我想引用查特顿和皮克里尔（Chatterton and Pickerill，2010）所说的活动家来结束这一节。这些活动家的实践或许可以支撑各种雇佣关系以外的"生产性"劳动，并且使其获得社会的认可。这当然是另一个斗争场域，它可能推动变革的集体策略的发展，探讨如何解决社会必要劳动的分配方式问题，但同时不加剧现存的不平等。这些例子都以所谓本土实践为基础，但这些实践需要和广阔的社会运动相结合，这些社会运动不仅在地方，还在地区、国家和整个世界范围内努力争取变革。其中的重点在于，加入更广泛的斗争，寻求变革、建立社会公平社会。隆巴多兹和皮茨（Lombardozzi and Pitts，2019）提醒我们，关于雇佣劳动、工作和全民基本收入的讨论，因为没有超越它们所身处的资本主义社会形式，所以无法提出一种能解决对立社会关系的政治。这些对立社会关系制造了社会再生产的危机，其根源是社会关系的整体化，但社会关系超出了雇佣劳动和"无偿"劳动的直接性。适当的政治宣言需要解决这些社会关系的整体化，否则就意味着批评依旧停留在和资本主义关系相互纠缠的社会形式中。皮茨（Pitts，2018）认为，当代工作的后运动主义式（Postoperaist），或用我所说的工人主义式（Workerist），可以"和改变资本主义的主流叙述轻易吻合"。我们只要想一下世界经济论坛及类似机构的工作和分析就能知道这一点。

职业教育及培训

在南北半球的许多社会中，VET 被认为不如大学教育有价值（见 Cedefop，2017：4；Wang and Guo，2019：551，553；亦见 Cedefop，2017：24）。就在不久前，准确地说就是在英国，VET 被看作"其他人的孩子"才去读（Bathmaker，2014a，b）。即使是由高等教育机构提供，VET 也常常被贬低，远比不上医学、工程等专业（Bathmaker，2014a，b）。贬低 VET 的言论表明确实存在分类过程，但又有一定程度的模糊性。与此同时，越来越多的人呼吁大学要面向商业，让毕业生为进入雇佣劳动的世界做好准备。具有讽刺意味的是，从历史来看，在阶级和种族这样的社会关系的再生产中，精英高等教育机构一直发挥着关键作用。重要的是，对 VET 的态度受到了社会经济状况、时空背景、地理环境的影响。格斯勒和赛墨（Gessler and Siemer，2020：92）在一篇评论中写道：

> 自 2007 或 2008 年金融危机以来，职业教育与培训（VET）获得了高度关注，常被视作解决方案，可以解决金融危机带来的社会经济问题，特别是青年失业率上升的问题。VET 也被视作工具，可以提高经济体的生产力、创新能力和竞争力。这个讨论，特别是在呼吁全面建构 VET 的分析时，会引发很多问题。

重要的是，艾斯蒙德（Esmond）指出以他所说的"技术精英"形态进一步发展 VET 和职场学习（Atkins et al.，2019）。这呼应了关于第四次工业革命的讨论，即职业结构中有空心化现象。被称作"技术精英"的工人可以在出现问题时理解并创新性地解决问题，他们需要全面理解生产的流程。从这个角度来说，精英工人需要结合并且借助生产所需的"学科"知识和实践知识。在这个情况下，获得学科知识就不仅属于分配正义，还是他们劳动的内在特征。忽略 VET 和雇佣劳动的关系是荒唐的，忽略学科知识和实际操作的辩证关系是可笑的，认为这种关系一成不变则是滑稽的。这种概念可以关联到职业和专业责任对广大社会的重要性，即他们的公民责任和社会义务。

VET 对职业和专业实践意义重大，对此已有论述，此外还有常被边缘化的争论。这些争论关注雇佣关系和正式经济之外的人——无薪者和无业者。这关系到我们彼此应尽的社会及公民义务和使用价值的发展，后者构成了我们的福祉，不仅有益于我们生活的社群，还有益于其他社群。再简单不过的是，特别在眼下，将这类 VET 和护理形式的劳动联系起来。

但是，它进一步拓展，包含了一系列自定义的关切点。在南半球，这些可能包括对摆脱贫困、过上"美好"生活的愿望，还包括实现这个愿望的文化、社会和物质资源。此外，VET 将由时间性和我们所处的生活空间和生命阶段来调节。这样的 VET 将会以权利为基础，摆脱过去和资本主义的关系，不再是狭隘地满足工业需求的工具。在这样的情况下，VET 将会和基于权利的教育相结合，推动社会公平社会的建立。

结论：第四次工业革命

第四次工业革命的概念和资本主义关系紧密相连，构成了一个深层的意识形态观念，对未来工作、社会关系、普通教育，特别是 VET 有众多影响。这个术语本身会被后资本主义和后工作方案重新占有。但是，民粹主义和后新自由主义各据山头的当前形势下，尽管这样的政治方案面临着重重障碍，但任何其他激进方案面临的困难并不会比它少。这样的方案将质疑第四次工业革命，因为它为解放实践的发展提供了承担性。虽然有人认为第四次工业革命十分特殊，和过去的工业革命有本质的不同，但是必须指出，工业革命（从第一次到第四次）和资本主义互相联系，而且要揭示二者互相勾连的方式。这样的探讨聚焦在资本上，将验证那些声称第四次工业革命具有独特性的主张。这样的情况就是承认，为了把第四次工业革命重新用于解放事业，就必须斩断其植根于资本主义关系的逻辑。

本章讨论了意大利工人主义、后资本主义、后工作、全民基本收入，以及与此矛盾的富足政治等问题。本章试图从政治角度进行分析，超越当前第四次工业革命的概念，并且反过来宣告一个即便算不上变革性，也至少是批判性的实践。本章提醒我们，科技从不无辜，在当前形势下，它和资本利益结合到了一起。因此，在为变革而进行的斗争中，社会和政治进程至关重要。围绕第四次工业革命的科技提供的承担性需要被重新占有，以此服务于集体利益。这个任务绝非简单。第四次工业革命是一个意识形态建构，可以转向众多不同的方向，并在资本辩护者的伪饰下展现出进步性。因此，阶级斗争至关重要，但是阶级斗争必须同对阶级的全面理解相一致。

这种理解将包括中产阶级的一部分人，以及那些不仅参加雇佣劳动，而且参与其他形式"真正有用的生产"劳动的人。护理工作就是一个典型，它有助于社会再生产——在这样的情况下，女性的家务劳动至关重要。对阶级的广泛理解还将涵盖失业者，即被排除在雇佣关系之外、对资本需求而言的过剩人员，他们同样使得广泛理解 VET 概念成为必需。

为了变革而进行的斗争需要政治战略的指导，这个政治战略要从地域到国家，再到全球范围的多个战线运作。虽然这样的政治将被定位为革命改良主义，但还是要拒绝这种立场的局限性，以及避免被寻求解决并超越后新自由主义局限的进步资本主义笼络的危险。

致谢

本章部分来自本人的论文，见 "Socio–technical imaginary of the fourth industrial revolution and its implications for vocational education and training: a literature review"，刊于《职业教育与培训》(*Journal of Vocational Education & Training*)，2018 年第 70 卷第 3 期，第 337—363 页，详见 https://doi.org/10.1080/13636820. 2018.1498907。

参考文献

Adler, P. 2007. The Future of Critical Management Studies: A Paleo-Marxist Critique of Labour Process theory. *Organization Studies* 28 (9): 1313–1345. https://doi.org/10.1177/0170840607080743.

Allen, R. 2009. Engels' Pause: Technical Change, Capital Accumulation, and Inequality in the British Industrial Revolution. *Explorations in Economic History* 46: 418–435.

Anderson, D. 2009. Productivism and Ecologism: Changing Dis/courses in TVET. In *Work, Learning and Sustainable Development*, ed. J. Fien, R. Maclean, and Man-Gon Park, 35–57. Dordrecht: Springer.

Anderson, E. (ed.). 2017. *Private Government*. Princeton: Princeton University Press.

Atkins, L. B. Esmond, and R. Suart. 2019. *The Role of Education and Training in the Development of Technical Elites: Work Experience and Vulnerability*. Proceedings of the European Conference on Educational Research (ECER), Vocational Education and Training Network (VETNET). University of Hamburg, Hamburg, September. Berlin: VETNET, 461–468. https://doi.org/10.5281/zenodo.345749.

Autor, D. 2015. Why Are There Still so Many Jobs? the History and Future of Workplace Automation. *The Journal of Economic Perspectives* 29 (3): 3–30. https://doi.org/10.1257/jep.29.3.3.

Avis, J. 2019. A Note on Class, Dispositions and Radical Politics, *Journal for Critical Education Policy Studies* 16 (3): 166–184. http://www.jceps.com/wp-content/uploads/2019/01/16-3-6.pdf.

Bathmaker, A.-M. 2014a, March. *'Applied', 'Technical' and 'Vocational' Constructions of Knowledge in Vocational Education*. Paper presented at Vocational Education and Training: Policy, Pedagogy and Research, BERA Post-Compulsory and Lifelong Learning SIG, The University of Birmingham.

———. 2014b, June. *The Perfect Education for a Person Like Me: Vocational Education and the 'Ordinary', the 'Overlooked' and the Under-Served 40%*. Inaugural Lecture at the University of Birmingham.

Beckett, A. 2018. Post-Work: The Radical Idea of a World Without Jobs. *The Guardian*. https://www.theguardian.com/news/2018/jan/19/ post-work-the-radical-idea-of-a-world-without-jobs.

Blacker, D. 2013. *The Falling Rate of Learning and the Neoliberal Endgame*. London: Zero Books.

Bloodworth, J. 2018. *Hired: Six Months Undercover in Low-Wage Britain.* London: Atlantic books.

Brown, P., H. Lauder, and D. Ashton. 2011. *The Global Auction.* Oxford: Oxford University Press.

Cedefop. 2017. *The Changing Nature and Role of Vocational Education and Training in Europe. Volume 2: Results of a Survey Among European VET Experts.* Luxembourg: Publications Office. Cedefop Research Paper; No 64. https:// doi.org/10.2801/548024.

Cederström, C., and P. Fleming. 2012. *Dead Man Working.* Alresford: Zero Books.

Chatterton, P., and J. Pickerill. 2010. Everyday Activism and Transitions Towards Post-Capitalist Worlds. *Transactions of the Institute of British Geographers, NS* 35: 475–490.

Cleaver, H. 2017. *Rupturing the Dialectic.* Chicago: AK Press.

Corbyn, J. 2019. *The Future is Ours to Make, Together.* https://labourlist. org/2019/10/the-future-is-ours-to-make-together-corbyns-campaign-launch-speech/.

Davis, K., and W.E. Moore. 1945. Some Principles of Stratification. *American Sociological Review* 10 (2): 242–249.

Dyer-Witheford, N., A.M. Kjøsen, and J. Steinhoff. 2019. *Inhuman Power.* London: Pluto.

Ehrenreich, B. 2010. *Nickel and Dimed: Undercover in Low-Wage USA.* London: Granta Books.

Fleming, P. 2017. *The Death of Homo Economicus.* London: Pluto.

Frayne, D. 2015. *The Refusal of Work.* London: Zed Books.

———., ed. 2019. *The Work Cure.* Monmouth: PCCS.

Frey, C.B. 2019. *The Technology Trap: Capital, Labor, and Power in the Age of Automation.* Princeton: Princeton University Press.

Fumagalli, A. 2011. Twenty Theses on Contemporary Capitalism (Cognitive

Biocapitalism), Angelaki. *Journal of the Theoretical Humanities* 16 (3): 7–17. http://dx.doi.org/10.1080/0969725X.2011.626555.

Gessler, M., and C. Siemer. 2020. Umbrella Review: Methodological Review of Reviews Published in Peer-Reviewed Journals with a Substantial Focus on Vocational Education and Training Research. *International Journal for Research in Vocational Education and Training* 7 (1): 91–125. https://doi.org/10.13152/IJRVET.7.1.5.

Gorz, A. 2010. *The Immaterial*. London: Seagull.

Goulden, C. 2018. *Universal Basic Income—Not the Answer to Poverty*. https://www.jrf.org.uk/blog/universal-basic-income-not-answer-poverty?gclid=EAIaIQobChMIlaCFkd7D5gIVV-DtCh37cwq4EAAYASAAEgKKxfD_BwE.

Graeber, D. 2018. *Bullshit Jobs*. London: Allen Lane.

Haagh, L., and B. Rohregger 2019. *Universal Basic Income Policies and Their Potential for Addressing Health Inequities: Transformative Approaches to a Healthy, Prosperous Life for All*.

Harvey, D. 2014. *Seventeen Contradictions and the End of Capitalism*. London: Profile Books.

Hester, H., and N. Srnicek 2019. *After Work: What Is Left*. https://www.youtube.com/watch?v=fSHT-HKkk8Q.

Hetschko, C., A. Knabe, and R. Schöb. 2014. Changing Identity: Retiring from Unemployment. *The Economic Journal* 124: 149–166. https://doi.org/10.1111/ecoj.12046.

Holloway, J. 2019. *We are the Crisis of Capitalism Oaklands*. Kairos PM.

Hoynes, H., & Rothstein, J. (2019). Universal Basic Income in the US and Advanced Countries NBER Working Paper No. 25538.

Hunnicutt, B. 2013. *Free Time: The Forgotten American Dream*. Philadelphia: Temple University Press.

Kenworth, L. 2004. *Egalitarian Capitalism*. New York: Russell Sage Foundation.

Lombardozzi, L., and F.H. Pitts. 2019. *Social Form, Social Reproduction and Social Policy: Basic Income, Basic Services, Basic Infrastructure*. Capital and Class in press. http://oro.open.ac.uk/62409/1/Lombardozzi%20%26%20 Pitts%202019%20Social%20Form%20Social%20Reproduction%20 Social%20Policy.pdf.

Mackay, R., and A. Avanessian. 2014. Introduction. In *Accelerate*, ed. R. Mackay and A. Avanessian, 1–50. Falmouth: Urbanomic.

Malloch, M., L. Cairns, K. Evans, and B. O'Connor, eds. 2021. *The SAGE Handbook of Learning and Work*. London: Sage.

Marazzi, C. 2011. *The Violence of Financial Capitalism*. Los Angeles: Semiotext(e).

Martinelli,L.2017.*Assessing the Casefora Universal Basic Incomein the UK*. IPRPolicy Brief, Institute for policy research, University of Bath. https://www. bath.ac.uk/publications/assessing-the-case-for-a-universal-basic-income-in-the-uk/.

Marx, K. 1973. *Grundrisse*. Harmondsworth: Penguin.

———. 2014. Fragment on Machines. In *Accelerate*, ed. R. Mackay and A. Avanessian, 52–66. Falmouth: Urbanomic.

Marx, K., and F. Engels 1967 [1872]. *The Communist Manifesto*. Penguin: Harmondsworth.

Mason, P. 2015. *Postcapitalism*. London: Allen Lane.

McGrath, S., and L. Powell. 2016. Skills for Sustainable Development: Transforming Vocational Education and Training Beyond 2015. *International Journal of Educational Development* 50: 12–19.

Painter, A., and C. Thoung. 2015. *Creative Citizen, Creative State: The Principled and Pragmatic Case for a Universal Basic Income*. RSA. https:// www.thersa.org/discover/publications-and-articles/reports/basic-income.

Parker, C., and B. Vonow 2017. *Amazon Warehouse Life 'Revealed with Timed Toilet Breaks and Workers Sleeping on Their Feet'*. The Sun. https://www.

the- sun.co.uk/news/5004230/amazon-warehouse-working-conditions/.

Pitts, F. 2018. *Critiquing Capitalism Today: New Ways to Read Marx.* London: Palgrave Macmillan.

Pitts, F., and A. Dinerstein. 2017a. Corbynism's Conveyor Belt of Ideas: Postcapitalism and the Politics of Social Reproduction. *Capital & Class* 41 (3): 423–434.

———. 2017b. *Postcapitalism, Basic Income and the End of Work: A Critique and Alternative, Bath Papers in International Development and Wellbeing.* No. 55—November, University of Bath, Centre for Development Studies.

Ponomarenko, V., A. Leist, and L. Chauvel. 2019. Increases in Wellbeing in the Transition to Retirement for the Unemployed: Catching Up with Formerly Employed Persons. *Ageing and Society* 39 (2): 254–276. https://doi.org/10.1017/S0144686X17000976.

Powell, L. 2012. Reimagining the Purpose of VET—Expanding the Capability to Aspire in South African Further Education and Training Students. *International Journal of Educational Development* 32 (5): 643–653.

Rajan, R. 2019. *The Third Pillar.* London: William Collins.

Reich, R. 1992. *Work of Nations.* London: Vintage books.

Rifkin, J. 2014. *The Zero Marginal Cost Society.* London: Palgrave MacMillan.

Rustin, M. 2013. A Relational Society. In *After Neoliberalism? The Kilburn Manifesto*, ed. S. Hall, D. Massey, and M. Rustin. http://lwbooks.co.uk/journals/soundings/pdfs/Soundings%20Manifesto_Rustin.pdf. Accessed 7 Aug 2013.

Sage, D. 2019. The Power of the Work Ethic: Implications for Social Policy. *Critical Social Policy* 39 (2): 205–228.

Shildrick, T., R. MacDonald, C. Webster, and K. Garthwaite. 2012. *Poverty and Insecurity: Life in Low-Pay, No-Pay Britain.* Bristol: Policy Press.

Simmons, R., and R. Thompson. 2011. *NEET Young People and Training for Work: Learning on the Margins.* Stoke on Trent: Trentham Books.

Skidelsky, R. 2016. A Basic Income Could Be the Best Way to Tackle Inequality. *The Guardian.* https://www.theguardian.com/business/2016/jun/23/ universal-basic-income-could-be-the-best-way-to-tackle-inequality.

Srnicek, N., and A. Williams. 2015. *Inventing the Future: Postcapitalism and a World without Work.* London: Verso.

Stiglitz, J. 2019. *People, Power and Profits.* Princeton: Princeton University Press.

The Guardian. 2015. *How Sports Direct Effectively Pays Below Minimum Wage.* https://www.theguardian.com/business/2015/dec/09/how-sports-direct-effectively-pays-below-minimum-wage-pay.

Vercellone, C. 2008. The New Articulation of Wages, Rent and Profit in Cognitive Capitalism. In *The Art of Rent*, ed. Queen Mary University School of Business and Management, no page numbers. London. http://hal.archives-ouvertes.fr/docs/00/26/55/84/PDF/The_new_articulation_of_wagesHall1.pdf. Accessed 29 Feb 2012.

———. 2009. Cognitive Capitalism and Models for the Regulation of Wage Relations, The Edu-Factory Collective. In *Towards a Global Autonomous University*, 119–124. New York: Autonomedia.

Wang, A., and D. Guo. 2019. Technical and Vocational Education in China: Enrolment and Socioeconomic Status. *Journal of Vocational Education & Training* 71 (4): 538–555. https://doi.org/10.1080/13636820.2018.1535519.

Weeks, K. 2011. *The Problem with Work.* Durham: Duke University Press.

Wilkinson, R., and K. Pickett. 2010. *The Spirit Level: Why Equality Is Better for Everyone.* Harmondsworth: Penguin

———. 2018. *The Inner Level, How More Equal Societies Reduce Stress, Restore Sanity and Improve Everyone's Well-Being.* Milton Keynes: Allen Lane.

World Economic Forum. 2018. *The Future of Jobs 2018.* Geneva: WEF. http:// www3.weforum.org/docs/WEF_Future_of_Jobs_2018.pdf.

World Health Organization. 2019. Universal basic income policies and their potential for addressing health inequities: Transformative approaches to a healthy, prosperous life for all. http://www.euro.who.int/en/health-topics/ health-determinants/social-determinants/publications/2019/universal- basic-income-policies-and-their-potential-for-addressing-health-inequities- transformative-approaches-to-a-healthy,-prosperous-life-for-all-2019.

Zukas, M., and J. Malcolm. 2015. *Learning to Be a Social Scientist*. Paper Presented RWL9—9th International Conference on Researching Work and Learning, Singapore, December 9–11.

第五章 结论：第四次工业革命中的职业教育

——后工作时代的教育与就业

摘要

本章汇集了本书的关键主题，指出了这些主题对旨在建立社会公正的社会的职业教育与培训和教育制度的重要性。这些干预必须超越狭隘的教育政策，结合更广泛的致力于社会变革的政治。围绕第四次工业革命的很多主张都和社会公正的概念相结合。但是，这是构设在资本主义范畴内，寻求管控第四次工业革命预示的状况所导致的冲突，而不是超越。这些言论常常缓和冲突，从而弱化它们在建立社会公正的社会而斗争中的潜能。

关键词

第四次工业革命；职业教育与培训；社会契约；新自由主义；转型主义；社会公正

引言

本章是结论，关系到前文所述的众多主题，指出了第四次工业革命对职业教育与培训和更普遍的教育系统的重要性。一个关切的重点是教育过程和渴望建立社会公平社会之间的关系。如果严肃对待这份渴望，那么干预过程就要超越狭隘的教育政策，结合寻求社会变革的更广泛的政治。这样的政治必然是反资本主义的，因为现存的资本主义关系束缚了社会公平社会的发展。矛盾的是，人们已经广泛讨论并认识到了新自由主义的危机和失败。2020 年达沃斯年会的总主题是"凝聚全球力量，实现可持续发展"。施瓦布（Schwab，2020）在开幕致辞中提到了经济精英以及理所当然的新自由主义的失败。

> 人们反抗经济精英，认为自己被他们背叛。我们努力让全球气温上升不超过 1.5 摄氏度，但我们的努力远远不够。今年年会上我们必须提出"2020 年达沃斯宣言"，重新阐释制定企业和政府的目标和计分卡。

他期望，应用某种计分卡（类似于 2019 年欧盟委员会用的计分卡）能让企业和政府承担责任，并最终带来改变。大家普遍关注经济精英的滥用职权、南北半球之间缺少公平，全球变暖和气候紧急状态。所谓资本主义辩护者提出的批评，期望一种类似于利益相关者资本主义的新型社会经济解决方案（Avis，1998），凭此恢复资本主义制度的稳定性。新自由主义造成的长期不平等，以及由此产生的潜在冲突和对立，威胁着资本主义制度及其合法性。值得注意的是，对市场和竞争的颂扬联合了对福利制度及国家部门的部分私有化，而不关注造福社会全体，使这种颂扬显得虚伪。此外，雇佣劳动已经和生产力及增长脱钩，导致收入和财富的分配不协调。新自由主义言辞也仅是一套话语修辞。事实上，后新自由主义中包含着根深蒂固的犬儒主义，因此新自由主义主体不再受社会约束的制约。这尤其适用于金融化和食利者资本主义的过度现象，并且可以从破产公司支付给高层管理者的奖金看得出。呼吁新的社会契约，或者用我的话来说，新的解决方案，意在应对这些新情况、恢复资本主义制度的合法性。某种程度上，新社会契约的发展反映了社会动荡以及权力从资本向劳动者转移。这些想法含蓄地暗示了对混乱的恐惧，以及对"进步"资本主义遭遇的新型阶级斗争的恐惧。这可能导致一种潜在的阶级组合（class grouping），对抗后新自由主义的非理性、不公和不负责任，同时也为资本主义关系留下了余地。

第四次工业革命的概念构成了社会技术想象，虽然是话语建构，但有物质后果和社会影响，而且毫不意外地根植于资本主义关系。我们可以追溯它与福特主义的消亡、后福特主义的转变以及20世纪70年代新自由主义的兴起之间的关系。这些转变虽不平稳，仍可联系到劳资力量的平衡，因此与阶级斗争的结果有关。已经有很多论述讨论第四次工业革命造成的混乱，这些混乱很多与当前形势下的后新自由主义的失败有关。

第四次工业革命的混乱包含了一系列对立和矛盾，包括收入和财富的两极化，还有高薪酬与低薪酬、体面与低贱等等工作的两极化。这与技能降低和提高的过程有关，并导致了不稳定状况加剧以及过剩人口被雇佣劳动排除在外。这些混乱以各种方式影响了雇佣劳动。对很多人来说，不稳定加剧、对失业的恐惧，结果是劳动强度提高、工作日延长，使得所有生活都投入到了工作中。有的专业中产阶级成员注意到自己雇用了家政照看孩子和年迈的父母，雇请他们在自己工作的时候打扫房屋。对这些中产阶级成员来说，上述现象尤为显著。众所周知，护理工作的工资低下，为养家糊口，工人常身兼数职。此外，还有人生活在贫困地区，雇佣劳动的就业机会稀少，因此而奔波于低薪和间接式工作之间，时不时就要经受失业。这反映了社会再生产的危机。通过资本的特定部分提出新的社会契约或方案，相当于通过管理和克服这些危机来恢复资本主义制度的稳定。

技术性失业的幽灵徘徊在对劳动力市场和第四次工业革命的讨论中。虽然劳动经济学家拒绝这个说法，认为这个说法仅仅是猜想，缺乏历史依据，但是，第四次工业革命，尤其是资本主义发展的逻辑，就是将劳动者从雇佣劳动中驱逐。然而，"活生生的"劳动力在增强人工智能中的应用缓和了这种逻辑。支持这个观点的人认为，当"活生生的"劳动力和人工智能一起工作的时候，双方的效率都得到了提高。国际象棋常常被用作例子，论证人类劳动力和人工智能相互结合要比二者单打独斗更为成功。这是因为，劳动有一般智力能力，能在不同环境推理和行动。劳动力对增强人工智能的重要意义会一直持续，直到通用人工智能克服眼前困难，得到充分发展的那天。但与此同时，运用人工智能提高劳动力，也可能是技能降低的一种掩盖。同样重要的是，要认识到建设"智慧"工厂的代价，它有可能是效率变低、劳动密集的生产过程，这样才在经济上可行。这将会导致弗莱明（Fleming，2017：163）所说的过度就业（over-employment），即劳动者完成的工作可以很容易就自动化。劳动者可以从这些任务解放出来，但如上述例子所示，出于经济原因他们没有被替代。

劳动强度提高，不稳定性加剧，导致社会再生产危机。危机可见于那些必须出卖劳动力的人的切实经验，包括那些依赖工资的人，例如专业中产阶级和他们雇用的护理工，不一而足。马克思（Marx，1976：Chapter 10）提醒我们注意延长工作日的破坏性——提高劳动强度会伤害所有人，劳动者要面临意外伤害，而生产一旦中断则使得工厂主利润减少。限制工作日就是当时对社会再生产危机的应对策略。矛盾的是，同样的问题现在又出现了。在马克思的年代，当前社会再生产的危机同样影响剩余劳动力，即那些不再被资本需要、被雇佣劳动排除在外的人。

认识到发展失衡很重要，也就是说，如果我们视第四次工业革命为生产模式的话，它与早期模式并存，但运行的资本逻辑稍有不同。第四次工业革命及它和人工智能、数字化、机器人化等的关系蕴含着排除的逻辑，劳动者被排除在劳动力之外，与此同时，去工业化的现象出现，20世纪70、80年代，福特主义在英美等地衰退。这导致了贫困社群的增加，因为它们丧失了"工业"基础，同时失去了就业机会。对VET、技术教育及再培训的长期兴趣,正是对早期情况和时下局势周而复始的政策反应。这些干预措施的目标是为那些被正式排除的人开拓劳动力市场。这些干预措施虽然试图解决社会再生产的危机,但通过个性化指导让参与者准备好参加间歇式的低技能、低工资工作,几乎无法消除贫困或解决危机。这种政策性回应呼应了社会民主、平等主义以及"进步"资本主义。"进步"资本主义话语感兴趣的不仅是提供就业机会,还包括解决,或者准确来说,是改善贫困和低工资问题,同时避免挑战贫困内部的结构关系。

以上的观点并不特别激进,但它们可以引发延长自由时间的讨论和围绕全民基本收入的辩论,二者都是挑战低薪工作的手段。

人工智能可以用来将以往的低技能、低工资的工作自动化,从而缩减工作时长,延长自由时间。以后者为例,通过提供基本收入,劳动者就不会再被迫接受低薪工作。此外,有保证的收入可以改善许多劳动者面临的困境,特别是不稳定就业、间歇式就业、"打零工"经济的不安全感,以及收入不稳定带来的财务困难。

全民基本收入虽然可以提供一些进步的承担性,但是并不必然挑战社会生产关系或是资本主义。事实上,全民基本收入可以很容易地适应进步资本主义,因为后者力图解决失控新自由主义产生的混乱。这种协调可以由世界经济论坛、世界银行等超国家组织精心安排,呼应国家管控资本主义矛盾的实践,但目的并不是造福社会全体成员,而是为了服务资本。在这种情况下,这些超国家组织不仅在地方和地区的层面上发挥作用,还在全球范围活动。对多元、平等、以人为本的增长、长期可持续发展的认识,还有通过持续重新使用资源避免浪费的循环经济的发展,尽管这些都处在资本主义的范畴中,但仍有进步的可能性。

这些想法可以和革命改良主义相结合,也可能被资本占用。例如,以人为本的增长、循环经济的发展和长期可持续发展全都涉及气候紧急状态,但在无休止地追求新市场时,它们立刻就被资本笼络。我不由想起了"创造性毁灭"的过程(Schumpeter, 1994 [1943]: Chapter vii),还有马克思和恩格斯(Marx and Engel, 1985: 83)的评论:"一切坚固的东西都烟消云散了"。环保制造业、太阳能的发展和物联网等相互结合，可能会为资本主义注入活力。

这些观点背后有一股变革的动力，"根本性"变革试图凭此遏止公众不满，同时保障资本特定部分的利益，因而是一种消极革命（Gramsci，1971：106–114）。与此同时，对气候紧急状态以及对雇佣劳动不稳定性的关注成了阶级斗争的场域。悖论在于，资本主义关系已经影响并束缚了第四次工业革命及相关技术的承担性。从这个角度看，加速论者是对的，他们认为生产力的发展可能预示着后资本主义和后工作社会形态，但这种可能性因为承担性和资本主义利益相关联而受到限制。这是一个教育和 VET 可以发挥作用的斗争场域。

本章前面讨论的内容对我们在当下环境中如何思考教育特别是职业技术教育的重要性产生了影响，尤其是雇佣劳动和被排除在雇佣劳动之外的不确定问题。在以知识为导向的社会中，VET 需要支持和发展社会所需的专业知识和技能，指出这一点轻而易举，但如果我们严肃承诺，要建立社会公平的社会，VET 和一般教育就要对广大社会负责，而不仅仅是服务于工业的特殊需求——这几乎总是资本需求的掩饰（Brockmann et al.，2011）。我们需要问自己，当前情形下，我们需要什么技能、知识和专业知识？答案不能由法令来给出，而必须由地方、地区、国家和整个世界集体地、民主地决定，其中要考虑到所有的困难。正如 VET 对更广泛的社会负有责任一样，职业和专业也有，但对这两者的思考，不仅应该在地方的层面上，而且要拓展到全球，这样才更为正确。这样，就可以看到高中低收入经济体的不平等现象，从而质疑再生产不平等的机制及解决不平等问题的方式。

尽管超国家组织呼吁以人为本的增长、提供体面工作和性别平等，但我们还是要思考如何理解平等。新自由主义将不平等问题个人化，建构原子化的竞争主体。我们应该打破这样的观念，代之以集体的理解，这将颠覆不平等的功能主义概念，这种概念认为成功者之所以成功是因为具备罕见而非凡的技能。和这种概念决裂，将有助于为收入和财富的公平分配辩解，并且反过来促进建立一个更繁荣、更公平的社会。这把我们带回到了教育和 VET 问题，让我们质疑当前的实践，这两者是否有能力造福社会全体成员及发展"真正有用的劳动"。根据世界经济论坛调查，高层管理者已经就人力及认知"软"技能的重要性做了大量讨论（见本书第四章）。这些应该在教育和 VET 中得到探究和发展的技能包括：沟通、说服、解决问题、分析数据等。这些技能具有双面性，可以被驯化，用以服务资本利益，但同时也激活了职业结构底层的劳动者，让他们追求一个社会公平的社会。

我们通过"生产性"劳动阐释人类的本质，而"生产性"劳动不仅发生在雇佣关系之内，还发生在雇佣关系之外。前者由资本主义关系支持，后者则常常被忽视或者边缘化。在劳动力过剩和失业日益普遍的社会，或以低工资和在职贫困为突出特征的社会，劳动力过剩及过度就业的问题越来越突出。

在某些方面，这些问题可以通过后工作和反工作分析来解决，但在这里，我想探讨这些问题和 VET 的关系。如果我们开阔视野，把 VET 看作与劳动者的社会发展相关，就可以打破雇佣就业和资本需求之间的狭隘关系。从某种理想主义的角度来看，这可以关联到马克思关于非异化劳动的概念以及人类发展的观点。全面理解 VET，或许可以让我们期待一个真正有用而且有力量的知识形式，摆脱资本主义的桎梏，并预示着建设一个社会公平社会的可能性。这种可能性并非来自社会或生产力的线性发展，而是斗争的结果，是劳资力量的平衡。劳资力量的平衡伴随着对阶级的全面理解，它认同交叉性，即阶级和种族、性别相互关联，包括了失业者、无业者和部分中产阶级。

纵观本书，我分析了 VET，包括理解 VET 的方式和 VET 应该应对的议题。我避免直接讨论 VET 的机构形式。比如说，我没有比较德国双元制和瑞士双元制，或是探究它适不适合美国诸如此类（Emmenegger et al., 2019; Gessler and Peters, 2017）。我也没有比较 VET 在协调市场经济和协调自由市场经济中的表现（Bosch and Charest, 2008）。

这有几个理由，其中特别值得注意的一个是，倘若讨论 VET 的机构形式，将需要一本大为不同的书。此外，VET 本质上是多元而动态的，随时变化。虽然英国可能是改革起步的最好例子，标志是各项措施的废止和启动（见 Keep，2006），其他地方的 VET 制度也在不断变化。正如欧洲职业培训发展中心（Cedefop，2017a：5）指出：

> 职业教育与培训有很多形式，是当今欧洲主要教育培训部门中形式最多样的。有许多例子显示，VET 和教育培训体系的其他部分重合，因此很难将其理解为一个单独的机构实体。

这种多样性不仅存在于整个欧洲，也存在于国家体系中，而这些体系因为时空和行业差异而各有不同（Cedefop，2017a：10）。迪伦和布瑟迈亚（Thelen and Busemeyer，2008）提醒我们注意德国的 VET 制度从整体制（collectivism）转向了分段制（segmentalism）。

> 整体制鼓励雇主对工人进行过度培训，让工人劳动者掌握更广泛、更灵活的职业技能。而后者（分段制）培训则围绕内部的劳动力市场组织，服务于相关企业的特定需要。（Thelen and Busemeyer，2011：69）

关键是，VET 总是构设于社会经济和历史背景中，从整体制向分段制的转变反映了劳资力量平衡的变化。此外，还有很多社会经济变革影响着 VET 及其制度形式。

这些变革包括：青年失业率上升，导致某些情况下的青年短期滞留问题（Avis et al.，2016，2017）；不再认为 VET 是"对熟练工人的没有出路的初始培训，与普通教育截然分开"（Cedefop，2017b：4）。此外，还有人试图把 VET、终身教育和混合形式的发展相互联系，使 VET 和普通教育相互结合，为进入高等教育学府开辟道路。

不管 VET 所处的制度和系统背景有多特殊，人们对其构成还是有着共识。欧洲职业培训发展中心（Cedefop，2014：292）将 VET 定义为"教育和培训，旨在让人们具备特定职业或更广阔的劳动力市场所要求的知识、专业知识、技能和（或）能力（Cedefop，2014：292；另见Cedefop，2017a：5）。这种概念可见于欧洲职业培训发展中心专业技术评审员们的观点（Cedefop，2017：4），"尽管VET种类很多，但总体上视VET为专门针对职业的教育和培训，目的是要保障熟练工人的供应"。在许多方面，这些观点都属意料之中，VET几乎从本质上就面向劳动力市场和就业，但这种观念不能全面地认识VET的意义。

VET是多面的，指向众多方向，不仅在青年短期滞留中发挥所用，还为培养技术精英创造可能（Avis et al.，2016；Atkins et al.，2019）。

VET有潜能去满足那些脱离雇佣关系的人、参加真正有用劳动的人，并有助于创造我们所说的使用价值。潜能并不仅仅来自北半球，还来自南半球，尤其适用于没有正式工作、生活在贫困中的人——使用价值的提升可以造福社群。在某种程度上，社区和成人教育已经预示了这些事件，但这些实践常常以资本主义关系为基础。关键是要志在建立社会公平的社会，将这些实践推向极限，充分全面地理解VET概念，以此超越狭隘的职业和劳动力市场的理解。

结论

围绕当前形势的矛盾提供了为社会转型而进行的斗争的物质基础，在这样的背景下，走向后资本主义和后工作社会变得可能。这些承担性虽然可见于围绕第四次工业革命的技术和斗争之中，但因为第四次工业革命根植于资本主义及其积累策略中，所以受到束缚和限制。人工智能对这些进程至关重要，可以和相关技术一起，既推动资本积累又导致利润率下降。在前一种情况下，人工智能可以作为生产的普遍条件，以一种类似于电力和运输系统的基础性支撑让资本受益。在后一种情况下，将劳动者逐出雇佣工作，可能导致利润率降低，因为金融化试图绕过生产，即用金钱创造金钱的过程将导致利润率降低。但是，这样的战略由于不能增加和创造价值，反过来产生了自身的矛盾和局限。

革命改良主义虽然可能因其渐进改革的模式而被笼络，但却为斗争开了个头。后新自由主义的局限性和资本主义组织中垄断及寡头的倾向，引发了人们不同意见，分歧源于不稳定、被逐出雇佣劳动或受雇佣劳动的压迫等。构建新社会契约的意图表明，资本尝试管控这些紧张情况。但是，这些意图可以反过来拒绝资本主义，推动反资本主义斗争。

新社会契约关注发展人力资本及提供体面、可持续的工作，但把这些志向和雇佣劳动及新自由主义的已有的历程相比时，就可以将新社会契约的关注点转回自身。近代资本主义历史提醒我们注意它的机会主义，它从社会民主主义转向新自由主义就是例证。

资本昌盛时，工人阶级赢得的社会民主优势就衰微，取而代之的是残酷无情的新自由主义。局部地区的反工作斗争指向了进步的可能性，预示资本的组织形式有替代形式。反资本主义斗争形式多样，可以用来追寻社会转型。虽然对第四次工业革命有种种吹捧，但它深深地扎根于资本主义关系中。而历史提醒我们，改良过的人本资本主义不过是自欺欺人。

致谢

本章部来自本人的论文，见"Socio-technical imaginary of the fourth industrial revolution and its implications for vocational education and training: a literature review"，刊于《职业教育与培训》（*Journal of Vocational Education & Training*），2018 年第 70 卷第 3 期，第 337—363 页，详见 https://doi.org/10.1080/13636820. 2018.1498907。

参考文献

Atkins, L., B. Esmond, and R. Suart. 2019. *The Role of Education and Training in the Development of Technical Elites: Work Experience and Vulnerability.* Proceedings of the European Conference on Educational Research (ECER),

Vocational Education and Training Network (VETNET). University of Hamburg, Hamburg, September. Berlin: VETNET, 461–468. https://doi.org/10.5281/zenodo.345749.

Avis, J. 1998. (Im)possible Dreams: Post-Fordism, Stakeholding and Post-Compulsory Education. *Journal of Education Policy* 13 (2): 251–163.

Avis, J, K. Orr, and P. Warmington. 2016. *Race, 'Warehousing' and Vocational Education and Training: a European Issue?* Paper presented at ECER, University College Dublin, September 23–26.

———. 2017. Race and Vocational Education and Training in England. *Journal of Vocational Education & Training* 69 (3): 292–310. https://doi.org/10.108 0/13636820.2017.1289551.

Bosch, G., and J. Charest. 2008. Vocational Training and the Labour Market in Liberal and Co-Ordinated Economies. *Industrial Relations Journal* 39 (5): 428–447.

Brockmann, M., L. Clarke, and C. Winch. 2011. *Knowledge, Skills and Competence in the European Labour Market*. London: Routledge.

Cedefop. 2014. *Terminology of European Education and Training Policy: A Selection of 130 Key Terms*, 2nd ed. Luxembourg: Publications Office. http://www.cedefop.europa.eu/files/4117_en.pdf.

———. 2017a. *The Changing Nature and Role of Vocational Education and Training in Europe. Volume 1: Conceptions of Vocational Education and Training: An Analytical Framework*. Luxembourg: Publications Office. Cedefop research paper; No 63. https://doi.org/10.2801/532605.

———. 2017b. *The Changing Nature and Role of Vocational Education and Training in Europe. Volume 2: Results of a Survey Among European VET Experts*. Luxembourg: Publications Office. Cedefop research paper; No 64. https:// doi.org/10.2801/548024.

Emmenegger, P., L. Graf, and C. Trampusch. 2019. The Governance of Decentralised Cooperation in Collective Training Systems: A Review and

Conceptualisation. *Journal of Vocational Education & Training* 71 (1): 21–45. https://doi.org/10.1080/13636820.2018.1498906.

European Commission. 2019. *European Innovation Scoreboard 2019*. https://ec.europa.eu/growth/industry/innovation/facts-figures/scoreboards/.

Fleming, P. 2017. *The Death of Homo Economicus*. London: Pluto.

Gessler, M., and S. Peters. 2017. Implementation of Dual Training Programmes through the Development of Boundary Objects: A Case Study. *Educar*, 53 (2): 309–331.

Gramsci, A. 1971. *Selections from the Prison Notebooks*. London: Lawrence and Wishart.

Keep, E. 2006. State Control of the English Education and Training System—Playing with the Biggest Train Set in the World. *Journal of Vocational Education & Training.* 58 (1): 47–64. https://doi.org/10.1080/13636820500505819.

Marx, K. 1976 [1867]. *Chapter 10 Capital Volume 1*, 340–416. London: Penguin. Marx, K., and F. Engels. 1985 [1888]. *The Communist Manifesto*. London: Penguin.

Schumpeter, J. 1994 [1943]. *Capitalism, Socialism and Democracy*. London: Routledge.

Schwab, K. 2020. https://www.weforum.org/events/world-economic-forum-annual-meeting-2020/about.

Thelen, K., and M. Busemeyer. 2008. *From Collectivism Towards Segmentalism: Institutional Change in German Vocational Training*. MPIFG discussion paper 08/13, Coln, Max-Planck-Institute.

———. 2011. Institutional Change in German Vocational Training: From Collectivism Towards Segmentalism. In *The Political Economy of Collective Skill Formation*, ed. M. Busemeyer and C. Trampusch, 68–100. Oxford: Oxford University Press.

后　记

写这篇后记时，我还在审阅本书手稿，仍不知道新冠肺炎是否意味着并将导致社会经济关系的根本转变。但是，在特朗普政府和欧盟的闪烁其词之下，新冠肺炎或许加速经济权力从西方向亚洲转移，可能使英国的长期衰退雪上加霜（Tooze，2020）。疫情对劳动力市场、职业教育及培训和更广泛的社会有何长期影响，还有待确定。

在本书较前面的部分，我引用了葛兰西的过渡期概念，即"老旧的正在死去，新兴的无法诞生"（Gramsci，1971：276）。新自由主义过去的霸权彻底暴露，它赖以为基础的信条已被证明是大错特错。声称市场具有优越性，促进社会生活方方面面竞争的推进，福利国家公共事业和部分领域进行了私有化，却都被证明加剧了不平等。在某种程度上，新自由主义的霸权地位以后新自由主义（post-neo-liberalism）为形式，特征是犬儒主义根深蒂固，信任度低，精英忙着巩固自己的利益，资本主义肆意妄为（Dorling，2020：181），而就业及薪资和生产力及增长相互脱钩。这种脱钩反映在文化中，企业即使正在衰落或表现平平，高层管理人员依然会心安理得地给自己发巨额奖金。也许，新自由主义败北的最好例子，可见于金融资本主义，例如算法的启用和钱生钱。在新冠疫情危机早期，全球股票市场快速涨跌，金融资本家得以渔翁得利。与此相似的是，疫情期间，全球呼吸机和防疫设备短缺，这不仅催生了团结之举、慷慨行为，也助长了逐利之风。巴特勒（Butluer，2020）在博文中讨论新冠肺炎时指出：

生意人蜂拥而至，渴望从全球的苦难中大发横财，表明了极端不平等——包括民族主义、白人至上主义、针对妇女、酷儿和变性人的暴力以及资本剥削，在疫情肆虐的地方快速繁衍并强化他们的权力。

当下的新冠肺炎危机提醒我们，各式各样的新自由主义都有弊端。但重要的是，不能将新冠肺炎具体化，也不能将它归于一种不应有的决定论。当下围绕大流行的危机会以何种方式出现，将是斗争的结果。阿甘本（Agamben）和克莱恩（Klein）都讨论到，为了维护自身利益，政府和经济精英会如何利用当下的危机。这种实践是克莱恩的"休克主义"（shock doctrine）概念和灾难资本主义的特征。在 VICE 杂志访谈中，克莱恩评论道（Solis，2020；另见 Klein，2007），"'休克主义'是政治策略，它利用大规模危机来推行政策，系统性地深化不平等，使精英更富裕，使其他人更贫穷。"她还说，重要的是，"在危机时刻，人们往往关注渡过难关所要应对的日常紧急状况，不论危机是什么，他们往往过于信任掌权者。在危机时刻，我们的注意力略有分散。"她提醒我们既要提高警惕，又要防备围绕危机的争论。阿甘本（Agamben）的观点类似，认为危机会强化国家监管并推动其发展（另见 Zuboff，2019）。他指出：

> 安全政府的运作并不必然通过制造意外状况，而是在意外出现时，加以利用和掌控。对一些政府来说，新冠疫情是测试孤立和控制整个地区可能性的理想方式，我肯定不是唯一一个想到这点的人。在欧洲，我们可以把这些政府当作榜样，这样的事实表明了恐惧给我们带来了何种程度的政治失责。

这种紧张局面成为一个斗争场域，尽管一些评论家认为阿甘本指出新冠肺炎危机会强化国家监管的发展（Cohen，2020）。这是因为，为了管控疫情而加强了国家监管体系，起码在西方是如此。阿甘本担心这样的体系将会保留下去，隐含着危险重重。

目前，财政紧缩和新自由主义的宗旨已经被置于一边，取而代之的是试图保障资本长期利益的干预主义状态。在英国，这种状态反映了一种一国保守主义（one nation conservativism）的形式，即身处其中的我们虽然有差异，但全部构建为同个社群的一分子。然而，重要的是要认识到构成社群的元素既是想象的，又充满斗争。比如，我们可以设想一个后资本主义国家，它会质疑一国保守主义如何能包容它的威权基础。与此同时，在当前危机中，我们不得不关注福利国家的重要性，关注事关社会福祉的护士及社会护理劳动力——也就是说，护工、垃圾工人、当然还有英国国家医疗服务体系（NHS）工作人员。特别是护工，他们以前少被人称誉，薪酬低下，现在却成了"英雄"，从事所谓"真正有用"但也危及性命的劳动。这些护工或许有工资，但通常是没有的——我们只需要想一下志愿者的贡献，他们的实践可被看作社会和经济关系向更具关爱的社会转型的前兆。目前的危机指向了"真正有用"劳动和金融资本主义"真正无用"劳动之间的对立。围绕当前社会和经济关系还有其他紧张和矛盾，特别是高层管理人员的收入相对有保障，而低收入的体力劳动者和白领工人却面临减薪、裁员和被迫休假。资本主义逻辑、它对积累的追求和真正有用劳动的显著作用之间仍然存在关键的矛盾。

本书讨论了数个议题：

- 第四次工业革命的想象的重要性；
- 经济建设；
- 数字化的显著作用；
- 把劳动者逐出生产的资本逻辑（Harvey，2014：104–111）。

我试图探究这些过程对职业教育和培训有何启示。重要的是，要记住把劳动者逐出生产的资本逻辑可以而且已经被经济计算所缓和——如果用机器替代劳动力的成本高于低薪工人的成本，那后者就能保住自己的工作。这些过程建立在劳动力市场空心化和常规的人力或非人力的劳动（或任务）的自动化背景中。与此同时，一方面劳动力被替代，一方面高技能"精英"技术人员、专业人员和工人依然重要，需求不减。

　　上述观点描述了彼时的背景，这个背景源于劳资力量平衡，其中资本已经占据了上风。在这种情况下，一个广泛的劳动和阶级概念得以建立，这个概念不仅承认有工资的，也承认没工资的、就业不充分的、过度就业的，还有已经被逐出正式经济的——无工作的。在这种背景下，VET 要培养"精英"技术工人、专业工人和管理者所要求的高水平技能，还要适应零工或服务经济的灵活适应性的劳动力发展，从而助力他们度过不充分就业期或失业期。

　　所以这一切怎样适应新冠肺炎（COVID-19）呢？当前局势提醒我们，资本的特定部分正在牟取暴利，提醒我们护工和社会护理人员非常重要。我们应该将雇佣关系之外的人包括在劳动力之中。那么，VET 应该如何应对这种劳动力的需求？此外，COVID-19 提醒我们，企业对更广泛的社会负有责任，我们也要承担社会义务。相似的道理也适用于职业和专业对更广泛社会的责任，适用于这些伦理问题和VET 相一致的方式。重要的是，这些伦理责任取决于持续开展的对话和发展。VET 需要超越福勒和昂温（Fuller and Unwin，2003）提出的拓展学习（expansive learning）的形式，并且可以对资本主义进行全面的批判。但是，这种批判不能受制于教条规定，而要建立在对话和讨论的基础上。

　　但是，重要的是承认教育总体上，特别是 VET，如奥尔曼、麦克拉伦和利科夫斯基提醒我们那样，"在资本关系的延续中扮演了关键角色，这是资本主义教育不为人知的阴暗面"（Allman，McLaren and Rikowski，2003：149）。这意味着 VET 是资本主义教育，实践者和参与者常常努力将其与更广泛的社会关系联系起来，试图为对话提供"真正有用"的知识。"零工"工人，即间歇性受雇的工人，他们就业方式不断变化，向 VET 提出了许多尖锐的问题。也许，在当前新冠肺炎的背景下，国家已经将财务限制放在一边，VET 和教育更多是全民的权利，它们的重要性得到了重申。相似的观点也适用于那些被逐出工作并且发现自己身处于非正式经济的人，即无业者。这些全都提出了一个问题，即成为受过职业教育的社会成员意味着什么？这又把我们带回了

VET, VET 对更广泛的社会的责任和我们对彼此的社会责任。

我们可以设想后新冠时代的若干场景，这些场景可以成为斗争的场域，其中一些前文已经提到。

尽管多林（Dorling，2020）没有在他的书里讨论 COVID-19，但他的观点刊载在了《泰晤士高等教育增刊》（*Times Higher Education Supplement*）（Reisz，2020：16）。他认为，资本主义发展早期历史以快速而且不断加速的转型为特点，转型变革持续到了 20 世纪 70 年代。在这些变革中，自然界遭受掠夺，不平等加剧，极端的新自由主义，或用多林的话来说，猖獗资本主义（rampant capitalism）一错再错。然而，快速变革已经变缓和减速。在某种意义上，新冠肺炎疫情预示了放缓的世界，并且矛盾地预示了世界变慢带来的潜在益处。贝瑞（Berry，2020）认为，至少部分左翼人士"希望可以在这次危机的灰烬上建立起更美好社会的根基"。齐泽克（Žižke，2020）号召重新阐释以相互依赖和集体责任为要旨的共产主义。这呼应了关怀组织（The Care Collective，2020）的观点，认为疫情不单"源于在世界各地传播的新病原体，还是一场医疗危机"。解决的方法是把医疗置于社会关系的中心，以此组织社会。对疫情的反应不仅提醒我们，医疗和我们对彼此的社会责任非常重要，而且预示了组织社会的替代方式。一个更可持续、更缓慢的世界不仅存在于多林著作的预言里，还存在于世界主要城市的封城经历中。甘布托（Gambuto，2020）写道：

> 然而，创伤给我们展示了什么，是不能视而不见的。洛杉矶空街无车，天空清朗，因为停止了污染。在安静的纽约，你可以听见鸟儿在麦迪逊大道中间啁啾。在旧金山，郊狼出没于金门大桥。只要我们能找到一种方法减少对这个星球的致命的日常影响，就会有这些明信片上才有的景象，展示这个世界可能的样貌。

这些经历预示了更绿色、环境可持续、更公平的政治的发展，甚至可以重振"绿色新政"（Galvin and Healy，2020；The Green New Deal

Group，2008；Powell，2019；Sierra Club，n.d.–a，–b）或为之提供额外的动力。这种政治会寻求解决环境问题，同时也致力于纠正资本主义国家的不平等的过度现象。塞拉俱乐部（The Sierra Club，n.d.–a，–b）呼吁"人民的纾困"（people's bailout），强调提供医疗保健、尊重环境，并呼吁某种形式的全民基本收入，把资源从富人手中转移到社区和那些受疫情影响最严重的群体。在美国，这些群体包括原住民、有色人种社群和白人工人阶级。与此类似的是，在英国，受疫情影响最严重的正是少数族裔，这反映了他们在劳动力市场的地位。

与宁静、平和的城市图像相反，甘布托（Gambuto，2020）提醒我们，在英国还有其他场景：

> 医疗保健系统不能为前线提供基础的保护设施；小企业，甚至还有大企业，都没有足够的现金支付租金或发放工资，使得超过1600万民众申请失业救济；政府严重损害我们媒体的信誉，三亿民众不知道听谁的才能获取基本事实，拯救自己生命。

灾后：新常态

很多评论家认为，疫情将从根本上改变社会、政治和经济关系，但他们的立场并不一致，有些人持悲观态度，比如阿甘本，他认为疫情预示着新的国家监管的发展；有些人则认为，疫情为建立更友善、更平等的社会主义社会创造了可能（Dorling，2020；Žižek，2020）。不论结果是什么，这都会取决于劳资力量平衡和疫情进展。科恩（Cohen，2020）借助行动者网络理论，将病毒描述为具有自主特质的行为体（actant）。

承认这种可能性是值得的，但暂时将它放在一边，先假定疫情可控，资本就有可能在危机结束之后立刻奋力回归危机之前的状态。甘布托（Gambuto，2020）设想，国家和资本将会花费巨额资金实现这个目标，并且鼓励集体遗忘疫情及疫情传递的进步的可能性，齐泽克

（Žižek，2020）、多林（Dorling，2020）和里斯（Reisz，2020）都曾讨论过这些可能性。但是忧惧在于，在资本明显的慷慨解囊之后，新的紧缩政策紧随而至，为了重建和之前相似的经济形式而启用牺牲话语，而且伴随着以前的全部紧张、矛盾和不平等——这只是后新自由主义经济的改造。但是，在这样的经济中，疫情期间必不可少的在线工作模式，以及由此而来的数字关系成为新常态的一部分。

讽刺的是，尽管人们认为数字化和物联网的应用提高了效率，但也遇到了"生产性矛盾"（productive paradox），即相反的情况发生了。比如，在疫情期间，英国大学试图把课程放到线上，结果增加了院校职工的工作量。与提高劳动过程的效率相反，这些经历导致了劳动强度的提高。这些实践可能会使生活的全部都变成了工作，从而使"更多自由时间"的承诺烟消云散。

塞奥多罗普洛斯（Theodoropoulos，2020）指出，阿甘本"警告我们，原子化、摧毁团结和社群的趋势在疫情之前已经存在，而且很可能会在疫情期间、疫情之后恶化"。此外阿甘本指出：

> 卫生紧急状况一旦结束，各政府很有可能会试图继续他们还未完成的实验：……出于政治和文化原因，我们不再聚集、交流而仅仅交换数字信息；尽可能地用机器替代人与人的全部接触，包括感染。

关键在于，社交距离和集体责任的边缘化在疫情前已经存在——我们只要想一下门卫式社区（gated communities）。

重要的是，不论结果如何，不论解决新冠肺炎危机的手段是什么，都要记住资本的适应能力。就是说，资本适应它面临的情况的能力，还有国家和世界银行、世界货币基金组织等超国家组织在保护资本增值的有利条件中发挥的作用。我们只要记住，在20世纪70年代末，资本从社会民主立场慢慢变成新自由主义立场，就可以说明资本对变化环境的适应性。为了重申本书前文提出的观点，我要再次强调，后记讨论的诸多问题不能仅靠教育解决，还需要发展非改良主义政治，以此建立社会公正社会。但还是可以提出一些能涵盖 VET 的指标。"零工"和以项目为基础的就业虽然不能代表大部分就业人员的工作生涯，但或许预示了未来。布当（Boutang，2011：60）指出：

> 马克思对资本的研究并没有涉及当时英国由家仆占绝大部分的劳动人口，反而聚焦少得多的工厂工人群体，因为这个群体预示了工业资本主义的出现。

随疫情而来的灵活和适应性强的劳动力或许会成为工作生活越来越突出的特点，使得这些工人可以参加 VET 和教育，把它作为一项权利，成为分配公正的一部分。这样的 VET 将会拒绝狭隘的工具主义和技术主义，还会为对话创造空间。它将考虑围绕职业实践的社会义务，以及各种职业和更广泛社会之间的关系，考虑这些关系如何为社会公正社会做出贡献。关键不在于提供一份政策科学框架内的蓝图，而是启发辩论、提出问题——特别是在为更温和、更友善、更平等的社会而进行的斗争中。

参考文献

Allman, P., P. McLaren, and G. Rikowski. 2003. After the Box People. In *Yesterday's Dreams: International and Critical Perspectives on Education and Social Class*, ed. J. Freeman-Moir and A. Scott, 149–179. Christchurch: Canterbury University Press.

Berry, C. 2020. The COVID-19 Pandemic will Change Everything—for Better or Worse. https://www.versobooks.com/blogs/4613-the-covid-19-pandemic-will-change-everything-for-better-or-worse?utm_source=Master+List&utm_campaign=53bb38c6d5-UK+Direct%3A+Verso+blog+response& utm_medium=email&utm_term=0_1f96ba5fab-53bb38c6d5-410277665&mc_

cid=53bb38c6d5&mc_eid=c622b1ec82

Boutang, Y.M. 2011. *Cognitive Capitalism*. Cambridge: Polity.

Butler, J. 2020. *Capitalism Has its Limits*. https://www.versobooks.com/
blogs/4603-capitalism-has-its-limits?utm_source=Master+List&utm_
campaign=53bb38c6d5-UK+Direct%3A+Verso+blog+response&utm_
medium=email&utm_term=0_1f96ba5fab-53bb38c6d5-410277665&mc_
cid=53bb38c6d5&mc_eid=c622b1ec82

The Care Collective. 2020. COVID-19 Pandemic: A Crisis of Care. https://
www.versobooks.com/blogs/4617-covid-19-pandemic-a-crisis-of-care?utm_
source=Master+List&utm_campaign=53bb38c6d5-UK+Direct%3A+V
erso+blog+response&utm_medium=email&utm_term=0_1f96ba5fab-
53bb38c6d5-410277665&mc_cid=53bb38c6d5&mc_eid=c622b1ec82

Cohen, P. 2020. Going Viral? Cartographies of Panic and Precaution In the
Age of Precarity Phil Cohen. https://philcohenworks.com/going-viral-
cartographies-of-panic-and-precaution-in-the-age-of-precarity/

Dorling, D. 2020. *Slowdown: The End of the Great Acceleration*. New Haven:
Yale.

Fuller, A., and L. Unwin. 2003. Learning as Apprentices in the Contemporary
UK Workplace: Creating and Managing Expansive and Restrictive
Participation. *Journal of Education and Work* 16 (4): 407–426. https://doi.
org/10.1080/1363908032000093012.

Galvin, R., and Healy, N. 2020. The Green New Deal Is More Relevant than
Ever. https://blogs.scientificamerican.com/observations/the-green-new-
deal-is-more-relevant-than-ever/

Gambuto, J. 2020. Prepare for the Ultimate Gaslighting. https://forge.
medium.com/prepare-for-the-ultimate-gaslighting-6a8ce3f0a0e0

Gramsci, A. 1971. *Prison Notebooks*. London: Lawrence and Wishart.

The Green New Deal Group. 2008. *A Green New Deal*. London: The New
Economics Foundation.

Harvey, D. 2014. *Seventeen Contradictions and the End of Capitalism*. London: Profile Books.

Klein, N. 2007. *The Shock Doctrine*. London: Penguin.

Powell, D. 2019. Rebooting the Uk's Green New Deal. https://neweconomics. org/2019/01/a-green-new-deal-for-the-uk

Reisz, M. 2020. Danny Dorling: 'Slowdown' Brings end to 'Rampant Capitalism'. *Times Higher Education* 2, 454. April 16–19. https://www. timeshighereducation.com/people/danny-dorling-slowdown-brings-end-rampant-capitalism

Sierra Club. n.d.-a. Growing the Green New Deal. https://www.sierraclub. org/ trade/what-green-new-deal

———. n.d.-b. People's Bailout. https://www.sierraclub.org/trade/ peoples-bailout

Solis, M. 2020. Coronavirus Is the Perfect Disaster for 'Disaster Capitalism'. https://www.vice.com/en_uk/article/5dmqyk/naomi-klein-interview-on-coronavirus-and-disaster-capitalism-shock-doctrine

Theodoropoulos, P. 2020. Agamben, Zizek, and the Virus: An Attempt at an Anti-Authoritarian Synthesis. *Interregnum*. https://interregnum.live/2020/ 04/02/agamben-zizek-and-the-virus-an-attempt-at-an-anti-authoritarian-synthesis/

Tooze, A. 2020. Shockwave. *London Review of Books* 42(8). https://www.lrb. co.uk/the-paper/v42/n08/adam-tooze/shockwave

Žižek, S. 2020. Monitor and Punish? Yes Please. *Los Angeles Review of Books*. http://thephilosophicalsalon.com/monitor-and-punish-yes-plea se/?fbclid=IwAR1tBVPAAyZbAbjf1VrPDxQ-rqFxJdxmyanH4di8X-JEqsyDJode51ghL

Zuboff, S. 2019. *The Age of Surveillance Capitalism*. London: Profile Books.

缩略语

4th IR（Fourth Industrial Revolution）   第四次工业革命

COVID–19（Coronavirus Disease 2019）   新冠肺炎

HIVE（Higher vocational education）   高等职业教育

IoS（Internet of Services）   云服务

IoT（Internet of Things）   物联网

TVET（Technical and vocational education   技术和职业教育培训
and training）

UBI（Universal Basic Income）   全民基本收入

VET（Vocational Education and Training）   职业教育与培训

WEF（World Economic Forum）   世界经济论坛

译后记

　　或许与众多读者期待不同，该著作没有像传统此类著作那样，通过对核心概念的分析，阐述职业教育与培训应采取的举措。该著作更多的是从不同逻辑思维的视角，对第四次工业革命的缘起和影响要素进行分析，试图以此来唤醒整个社会对职业教育与培训的重新认识和施策。

　　该著作的突出特点是，作者从哲学和非线性思维视角对第四次工业革命的历史背景和其深层的社会背景进行了分析，剖析了在西方盛行的新自由主义的严重失败——市场失灵、社会不均、贫富悬殊、失业严重、唯利是图、保护主义。新自由主义梦想的所谓市场主宰经济与竞争模式没有带来经济繁荣和收入平等，而造成了资本的肆意扩张、社会撕裂和种族歧视，使国家在面对重大危机时，防范举措举步维艰。

　　该著作指出，教育的专业化和职业化是高等教育发展的重要趋势，职业教育与培训面对的是第四次工业革命中大数据、人工智能、自动化所带来的新需求。学习者需要发展较高水平的认知能力、问题处理能力，应具备对特定生产过程所需要的复杂理解能力和适应技术快速变革的通用易适能力。作者呼吁职业教育与培训应为社会公平做出贡献，应承担社会责任与义务，应在重视"精英"技术工人、专业工人和管理者的同时，为"零工"和灵活就业者提供发展机会。作者同时警告新自由主义在新冠疫情期间收敛的资本运作，可能会在新冠肺炎疫情后以其较强的适应性卷土重来，扰乱社会公平秩序。

　　尽管作者分析了新自由主义的种种弊端，但对解决这些弊端所主张的启发辩论、提出问题等解决手段却很难从根本上解决资本主义社会的各种顽疾。

　　新冠肺炎疫情凸显西方新自由主义失败的同时，彰显了中国社会制度的优越性和抗疫取得的卓越成就。中国在战胜疫情的同时，快速实现了经济复苏，成为推动世界经济发展的重要引擎。脱贫攻坚、乡村振兴、共同富裕的目标正在逐一实现。安全、稳定、公平、富裕的社会正在成为现实。我们的职业教育与培训在思考应如何应对第四次工业革命挑战，主动承担社会责任与义务，不断汲取国外先进职业教育理念与模式的同时，也应该在世界职业教育舞台上，贡献和分享中国国家治理经验，为解决西方的社会问题提供中国方案。

赵继政

2021 年 10 月

图书在版编目（CIP）数据

第四次工业革命中的职业教育 ：后工作时代的教育
与就业／（英）詹姆斯·艾维斯著 ；赵继政译 ． — 北京：
商务印书馆，2023
ISBN 978-7-100-21048-5

Ⅰ．①第… Ⅱ．①詹… ②赵… Ⅲ．①职业教育－研
究－英国 Ⅳ．① G719.561

中国版本图书馆 CIP 数据核字（2022）第 064628 号

第四次工业革命中的职业教育
——后工作时代的教育与就业
〔英〕詹姆斯·艾维斯 著

赵继政 译

商 务 印 书 馆 出 版
（北京王府井大街 36 号 邮政编码 100710）
商 务 印 书 馆 发 行
艺堂印刷（天津）有限公司印刷
ISBN 978-7-100-21048-5

2023 年 3 月第 1 版　　　开本 710×1000　1/16
2023 年 3 月第 1 次印刷　　印张 8½
定价：55.00 元